Querido(a) leitor(a):

Nina Brestonini e eu desejamos a você que comprou este livro, muita alegria, sabedoria, aprendizado, autoconhecimento, paz e equilíbrio. Que a mensagem por ele trazida conforte seu coração e preencha qualquer dúvida em relação à vida eterna. Que a felicidade seja parte de sua vida todos os dias.

Boa leitura!

“Recomendo a leitura do escritor Osmar Barbosa; ele consegue nos transmitir ensinamentos espíritas de forma simples e objetiva. Traduz, através das linhas escritas, ensinamentos fundamentais para quem deseja saber um pouco mais sobre a vida nos planos espirituais e, tudo isso, em uma linguagem compreensiva a todos aqueles que necessitam de conforto e que desejam modificar suas vidas aprendendo a se tornar um Ser melhor.

Leiam os livros psicografados por ele!

Uma leitora...”

BOOK ESPÍRITA EDITORA

Capa
Marco Mancen

Projeto Gráfico / Diagramação
Mancen Editorial

Imagens capa e miolo
IA/Marco Mancen

Revisão
Camila Coutinho

Marketing e Comercial
Michelle Santos

Pedidos de Livros e Contato Editorial
comercial@bookespirita.com.br

Região Oceânica, Niterói,
Rio de Janeiro.

1ª edição
Prefixo Editorial: 991053
Impresso no Brasil

Dados Internacionais de Catalogação na Publicação (CIP)
(Câmara Brasileira do Livro, SP, Brasil)

Brestonini, Nina (Espírito)
Depressão : a vida sem mim / [pelo espírito] Nina Brestonini ; [psicografado por] Osmar Barbosa. -- Niterói, RJ : Osmar Barbosa, 2024.

ISBN 978-65-89628-51-4

1. Depressão 2. Espiritismo 3. Obras psicografadas 4. Romance espírita I. Barbosa, Osmar. II. Título.

24-212282 CDD-133.93

Índices para catálogo sistemático:

1. Romance espírita psicografado 133.93

Eliane de Freitas Leite - Bibliotecária - CRB 8/8415

---

pelo Espírito NINA BRESTONINI

DEPRESSÃO
A VIDA SEM MIM

Book Espírita Editora
1ª Edição
| Rio de Janeiro | 2024 |

OSMAR BARBOSA

Outros livros psicografados por Osmar Barbosa

1. *Cinco Dias no Umbral*
2. *Gitano – As Vidas do Cigano Rodrigo*
3. *O Guardião da Luz*
4. *Orai & Vigiai*
5. *Colônia Espiritual Amor e Caridade*
6. *Ondas da Vida*
7. *Antes que a Morte nos Separe*
8. *Além do Ser – A História de um Suicida*
9. *A Batalha dos Iluminados*
10. *Joana D'Arc – O Amor Venceu*
11. *Eu Sou Exu*
12. *500 Almas*
13. *Cinco Dias no Umbral – O Resgate*
14. *Entre nossas Vidas*
15. *O Amanhã nos Pertence*
16. *O Lado Azul da Vida*
17. *Mãe,Voltei!*
18. *Depois*
19. *O Lado Oculto da Vida*
20. *Entrevista com Espíritos – Os Bastidores do Centro Espírita*
21. *Colônia Espiritual Amor e Caridade – Dias de Luz*
22. *O Médico de Deus*
23. *Amigo Fiel*
24. *Impuros – A Legião de Exus*
25. *Vinde à Mim*
26. *Autismo – A escolha de Nicolas*

27. *Umbanda para Iniciantes*
28. *Parafraseando Chico Xavier*
29. *Cinco Dias no Umbral – O Perdão*
30. *Acordei no Umbral*
31. *A Rosa do Cairo*
32. *Deixe-me Nascer*
33. *Obssessor*
34. *Regeneração – Uma Nova Era*
35. *Dica do Dia - Com Osmar Barbosa*
36. *Deametria – Hospital Espiritual Amor e Caridade*
37. *A Vida depois da Morte*
38. *Deametria – A Desobsessão Modernizada*
39. *O Suicídio de Ana*
40. *Cinco Dias no Umbral – O Limite*
41. *Guardião – Exu*
42. *Colônia Espiritual Laços Eternos*
43. *Despertando o Espiritual*
44. *Por que Você Morreu?*
45. *Aconteceu no Umbral*
46. *O Diário de um Suicida*
47. *Superior Tribunal Espiritual*
48. *Bem-vindo ao Umbral*
49. *O Diário de um Morto*
50. *Exilados do Planeta Terra*
51. *Um Espírita no Umbral*
52. *A Garota do Balão*
53. *O Outro Lado da Vida*
54. *Um Obsessor no Centro Espírita*
55. *Orientações do Além*
56. *Em Busca do Tempo Perdido*
57. *O Livro Proibido - Marabô*

O autor doou todos os direitos desta obra à Fraternidade Espírita Amor e Caridade.
www.hospitalamorecaridade.org

Conheça um pouco mais de Osmar Barbosa:
www.osmarbarbosa.com.br

Recomendamos a leitura dos
outros livros psicografados por
Osmar Barbosa para maior
familiarização com os Espíritos
que estão neste livro.

O Editor.

Agradecimentos

Agradeço primeiramente a Deus, por ter me concedido esse verdadeiro privilégio de servir humildemente como um mero instrumento dos planos superiores.

Agradeço a Jesus Cristo, espírito modelo, por guiar, conduzir e inspirar meus passos nesta desafiadora jornada terrena.

Agradeço à Nina Brestonini e aos demais espíritos, ao lado dos quais tive a honra e o privilégio de passar alguns dias psicografando este livro. Agradeço, ainda, pela oportunidade e por permitirem que estas humildes palavras, registradas neste livro, auxiliem as pessoas a refletirem sobre suas atitudes, evoluindo.

Agradeço também à minha família, pela cumplicidade, compreensão e dedicação. Sem vocês ao meu lado, me dando todo tipo de suporte, nada disso seria possível.

E agradeço a você, leitor amigo, que comprou este livro e que, com a sua colaboração, nos ajudará a levar a Doutrina Espírita e todos os seus benefícios e ensinamentos para mais e mais pessoas.

Obrigado!

A todos, os meus mais sinceros agradecimentos.

Osmar Barbosa

Quem é Osmar Barbosa?

Um pouco da minha história.

Sou médium, dirigente, expositor, mas, acima de tudo, humano!

Cresci em São Gonçalo, no Rio de Janeiro, onde tive minhas primeiras experiências mediúnicas. Ainda na infância, tive a oportunidade de conviver com uma pessoa maravilhosa, que, na Terra, foi a minha mãe, Aurora Barbosa.

Com ela, aprendi a ser gente, amar as pessoas e valorizar tudo e todos. Acho que aprendi também a ser simples em minha maneira de observar o mundo.

De formação católica, conheci a Doutrina Espírita por orientação de companheiros espirituais, tendo ingressado no movimento espírita em 1987, no Grupo Espírita Frei Fabiano de Cristo, dirigido pela saudosa amiga Carolina Araújo.

Mais tarde, fundei a Casa Espírita de Oração Luz do Oriente, hoje chamada Fraternidade Espírita Amor e Caridade, onde no momento atuo como presidente em Itaipu, Niterói, Rio de Janeiro, desenvolvo atividades mediúnicas e auxilio na administração das obras sociais.

Sou comprometido com o ideal espírita, perfeitamente humano e cheio de perguntas para as quais não tenho respostas, embora tenha muitas respostas para perguntas que nunca formulei.

Adoro ser humano, bater um bom papo, ser amigo, rir, viajar e me divertir com a minha família.

Não sou obcecado por trabalho.

Acho que precisamos de um tempo para curtir a vida, o mundo e as pessoas. O planeta Terra é muito bonito, e precisamos ter um tempo à disposição para apreciar o mundo e suas experiências.

Adoro respirar ar puro e ouvir MPB. Curto muito cinema, principalmente drama, comédia e suspense.

Gosto de experimentos culinários e uma boa praia. Sou apenas humano, como você e muita gente boa por aí. Adoro ficar em casa com a minha família e os meus cinco filhos. Curto muito o meu lar, as minhas netas e os amigos.

Eu nunca pensei que chegaria onde estou, pois a vida não foi fácil no começo. Tive perdas que foram muito difíceis de superar, mas sempre me reinventei nos momentos mais difíceis e acho que ainda me reinvento diariamente para sobreviver e aprender com tudo e todos que se relacionam comigo nesta vida.

Sou estudioso da mediunidade e defendo a mediunidade séria em todos os sentidos, pois tenho convicção que o dom da mediunidade é algo muito especial, e especialmente deve ser exercido.

Aprendi com meus mentores que a “mediunidade é um dom divino, e divinamente devemos exercê-la”.

Todos os dias aprendo com meus mentores espirituais e com os acontecimentos que a vida me traz, pois sei que nada que me acontece é por acaso. Tudo o que chega até mim traz um ensinamento, até mesmo aquilo que, em alguns momentos, acho ser ruim.

Assim, minha vida está sempre em transformação, pois coloco em prática tudo o que aprendo com a Espiritualidade que me assiste. Sempre exteriorizo todos os ensinamentos que minha religião me traz, pois sei que, se não tiver a bondade, a capacidade e o amor de compartilhar tudo o que aprendo, quando eu deixar a vida humana, todo o meu esforço terá sido em vão, visto que meu aprendizado morrerá comigo. Por isso, partilho o tempo todo tudo o que sei e aprendo em minha vida, seja na vida mediúnica, seja na vida de humano.

Aprendi que muitas vezes não serei compreendido e aceito por acreditar no que acredito, mas devo ter a sabedoria de entender que nem mesmo Jesus teve uma tarefa fácil quando esteve entre nós.

No mais, quero viver todas as experiências possíveis e extrair delas a minha evolução, que é pessoal e intransferível.

Este sou eu!

Sumário

“

A vida não se resume a esta vida!

”

Nina Brestonini

Prefácio

Eu havia acabado de chegar à minha casa, após um exaustivo dia de trabalho no Hospital Espiritual Amor e Caridade.

Assim que entrei, notei a presença da doce e amada mentora espiritual Nina Brestonini.

Não falei nada com meus familiares sobre a presença dela, para que eles não ficassem impressionados como sempre ficam quando recebo a visita dos meus mentores e falo da presença deles em nosso lar.

Nina, então, olhou para mim com seu olhar carinhoso, como se me dissesse precisarmos conversar.

Logo pensei ter feito algo de errado durante as atividades no Hospital Espiritual Amor e Caridade naquele dia. A minha maior preocupação era com a tarefa que acabara de realizar na casa espírita. Será que havia feito algo de tão errado a ponto da mentora me procurar logo depois do trabalho daquele domingo?

Naquele dia, o centro espírita estava realmente muito cheio. Foram muitos atendimentos, e confesso que foi muito desgastante e angustiante para mim, pois sempre prezamos pelo atendimento amoroso em nosso trabalho.

Olhei para ela e logo dirigi-me ao local onde são feitas as psicografias.

A minha família ficou impressionada com o fato de ter almoçado e de não ter me preparado para descansar, pois, geralmente, aos domingos, eu tiro um período para ficar ao lado dos meus filhos e fazer algo com eles.

Mas, naquele domingo, tudo estava diferente.

Durante o atendimento fraterno, percebi inúmeras pessoas com depressão. Ao ouvir atentamente cada um daqueles irmãos em sofrimento, eu os encaminhei para as salas de tratamento do nosso hospital.

Lembro-me de uma jovem com apenas 16 anos que nos procurou após algumas tentativas frustrantes de suicídio. A família, desesperada, se dirigiu até nós na esperança de podermos ajudá-la e orientá-la no sentido de valorizar mais a vida e esquecer a ideia fixa de tirar a própria vida.

Foi então que ao chegar ao escritório, vi que a mentora querida me aguardava pacientemente para algo que, até aquele momento, era para mim desconhecido.

Sentei-me na minha cadeira, e ela logo começou a falar.

— Como vai, Osmar? Tudo bem?

— Embora muito cansado, estou bem, Nina.

— Gostaria de te convidar para mais um livro... você está disposto para escrever agora?

— Sim, claro que sim. Só preciso me organizar.

— Prepare-se. Escreveremos mais uma obra edificante e que a muitas pessoas irá auxiliar.

— Fico feliz em ser útil, Nina.

— Nós também.

— Antes, posso te perguntar uma coisa?

— Sim.

— Atualmente, são tantas as psicografias... Qual o motivo de tantos médiuns estarem escrevendo livros e mensagens do plano espiritual com tanta frequência?

— Posso te responder com uma pergunta?

— Se eu souber responder...

— Você já ouviu falar sobre a materialização de espíritos através do ectoplasma?

— Sim. Estudei um pouco sobre o fenômeno e confesso que fiquei muito impressionado.

— Atualmente, você sabe se existem médiuns materializando espíritos, objetos ou qualquer fenômeno relacionado à materialização espiritual?

— Que eu saiba... em lugar nenhum. Esses fenômenos estão raros hoje em dia.

— E por que não se tem mais?

— Acho que não temos mais médiuns com essa capacidade ou com esse dom espiritual.

— Não é isso, Osmar.

— Não?

— Não. Não é por esse motivo que o fenômeno da materialização está quase extinto.

— O que é, então?

— É que a materialização de espíritos já cumpriu sua tarefa. De tempos em tempos, somos enviados aos planos físicos para cumprirmos com algumas missões reveladoras. A materialização foi necessária e já atingiu os objetivos superiores. Agora, estamos na fase das psicografias e da implementação da comunicação mediúnica mais intensa.

— Quer dizer que, de tempos em tempos, recebemos orientações diferentes?

— Adequada ao momento espiritual do seu planeta.

— Que interessante, Nina! E você acha que estamos realizando a nossa tarefa de maneira satisfatória?

— Até onde nos é permitido e temos acompanhado, sim...

— Ufa! Isso me deixa mais tranquilo. Quais serão as próximas etapas para o nosso planeta? Você sabe me dizer?

— O que posso lhe assegurar é que vocês receberão a visita de seres de outras galáxias. As aparições serão mais intensas e esclarecedoras.

— ETs?

— O que são ETs, Osmar?

— Seres extraterrestres, Nina.

— Você é um extraterrestre.

— Eu?

— Sim. Você e todos os que estão no seu planeta vieram de algum lugar. Não são daqui só estão aqui temporariamente.

— Nossa, pior que é verdade.

— Parem de pensar que vocês vão morrer. Quando vocês acreditarem na eternidade, todas essas preocupações deixarão de existir.

— Meu Deus.

— O que está muito próximo de acontecer é o contato com outros irmãos de dimensões distantes. Mas não fique pensando que isso será ruim, pelo contrário, será ótimo para todos.

— Sei lá, Nina, acho que... bem.

— Olha, fiquem sabendo que outros espíritos habitam outros planetas. Todos estão em evolução, e vocês nunca estiveram sozinhos no Universo.

É tolice achar que o Criador seria tão limitado assim. São diversas estações e, em cada estação evolutiva, há milhares de planetas habitados, com bilhões de espíritos buscando sua evolução.

— Você já visitou algum planeta habitado, Nina?

— Vários.

— Quer dizer que, quando desencarnar, eu poderei ir a outros planetas e visitar outras formas de vida em outros lugares?

— Se tiveres condições espirituais e merecimento para isso, você poderá sim.

— O que é preciso ter para adquirir essas condições espirituais?

— Evoluir. Deixar de pensar que tudo se resume ao seu planeta e à sua vida. Nosso Pai e Criador é muito mais e vai além de um planetinha azul...

— Como estamos distantes disso tudo.

— Você está mais perto do que pensa.

— Sério?

— Evolua e verás.

— Estou me esforçando, mas, como você sabe, não é nada fácil.

— Se fosse fácil, você não estaria aqui.

— Já ouvi isso. Nina, além do merecimento, o que mais temos que fazer para conseguir visitar outras dimensões e outros planetas?

— Aperfeiçoar-se moralmente e adquirir um nível satisfatório de intelectualidade.

— Nossa...

— Osmar, agora me diga uma coisa... como foi o seu dia hoje lá no centro espírita?

— Bem complicado, Nina.

— O que houve?

— Muitos irmãos sofrendo com a depressão. Eu até atendi uma menina de 16 anos que já tentou suicídio duas vezes.

— E o que ela tem?

— Como disse, a maioria está sofrendo de depressão, mas há outros que relatam uma forte tristeza, melancolia, falta de amor à vida. O curioso é que todos pensam em deixar de viver... alguns já até atentaram contra a própria vida.

— Quer dizer que em seus atendimentos vocês estão recebendo muitos pacientes que sofrem e que pensam em desistir? Irmãos que não veem mais sentido para a vida, é isso?

— Muita coisa, Nina.

— Quer escrever sobre isso?

— Eu?

— Sim, você, Helena e eu.

— Quem é Helena?

— Uma amiga que precisa contar a história dela.

— Nossa, que oportunidade! Não posso perder.

— Podemos começar?

— Claro! Deixa eu me ajeitar aqui...

Naquele momento, comecei a separar tudo de que precisava para a dar início àquela psicografia. Em seguida, comecei a me preparar para o desdobramento.

Após alguns minutos, Nina me convidou para seguir com ela até a colônia espiritual Amor e Caridade. Assim que chegamos, fomos a uma das escolas que existem no local.

Nina é a responsável e a mentora desses núcleos; são lugares onde as crianças que desencarnam vítimas de câncer passam a maior parte do tempo, com o objetivo de aprimorar sua forma perispiritual e de alcançar a maturidade do espírito.

Ao desencarnar, um espírito de criança não acorda ou desperta na fase adulta na vida espiritual, e é bom que todos saibam disso. No livro *Colônia Espiritual Amor e Caridade – Dias de Luz*, nós estudamos sobre isso. Recomendo a leitura para quem tiver dúvida ou interesse em saber como são recebidas as crianças nas cidades espirituais.

Logo ao chegar, percebi que nada havia mudado na estrutura da escola.

— Continua linda essa escola, Nina! – disse, caminhando ao lado da mentora, próximo à entrada das instalações escolares.

— Obrigada, Osmar! Aqui é nosso pontinho de amor.

— Que legal!

— Venha, vamos nos apressar, pois a Helena está nos esperando.

Adentramos o corredor na parte administrativa da escola, e logo chegamos à sala dos professores – era isso o que estava escrito na placa da porta.

Entramos e pude ver que uma jovem muito simpática, de cabelos negros e pele parda, já nos aguardava. Assim que percebeu a nossa presença, ela se levantou para nos cumprimentar.

A moça aparentava ter uns 25 anos.

— Nina… querida!

— Oi, Helena! – disse a nossa amada mentora abraçando carinhosamente a jovem Helena.

— Esse é o Osmar… que te falei.

Helena se aproximou de mim, estendeu suas duas mãos e me cumprimentou com carinho.

— É muito bom ter você aqui, Osmar.

— Eu é que agradeço sempre por esses momentos edificantes ao lado de todos vocês.

— Vamos nos sentar – disse Nina.

Nos acomodamos próximos a uma mesa. Dispostos sobre ela, uma jarra com água cristalina e alguns copos à disposição.

— Quer água, Osmar?

— Não, Helena, obrigado!

— É você quem vai escrever minha história?

— Com todo prazer, Helena.

— Podemos começar?

— Sou seu lápis.

Nina, então, olhou para mim e disse:

— Osmar, anote o que a Helena irá te contar, com muita atenção, por gentileza.

— Pode deixar, Nina.

— Comece, Helena – pediu Nina.

— Bem, eu quero falar dos meus sentimentos e de como eu me sentia quando estava encarnada. Tenho certeza de que muitas pessoas se sentem assim também, e acho importante começar do começo. No momento apropriado, eu irei te levar até a minha vida de encarnada, mas, por ora, te peço apenas que anote o que vou te dizer.

— Fique à vontade, Helena – disse.

Ela, então, prosseguiu:

— Eu fiquei muito doente quando perdi a minha família em um grave acidente. Foi um período muito difícil da minha vida até chegar aqui, em Amor e Caridade, e ser tratada, acolhida e amada por Nina, Marcos, e outros amigos. Dentro de mim, parecia que havia outra Helena... meus principais pensamentos eram:

"Você não vai conseguir!"

"Você é um fracasso... deveria se envergonhar."

"Vale a pena viver assim? Acho que não. Acabe logo com isso!"

"Você está sozinha. Você é insignificante."

"Ninguém vai sentir a sua falta."

"A vida não presta... olha o que Deus fez para você..."

Essas eram algumas das frases ditas – e, muitas vezes, repetidas dentro da minha própria cabeça. Todos os dias, quando abria os meus olhos, eram esses os pensamentos que eu tinha de enfrentar, contra toda a tristeza que tomava conta do meu ser.

Os pensamentos que vinham depois eram muito parecidos com esses, todos muito desanimadores. A única vontade que eu sentia era a de ficar deitada ali no meu cantinho, sem falar com ninguém, sem ser percebida... fugindo da minha realidade todos os dias.

Eu vivia uma vida sem mim...

Certos dias, eu chorava só por ter acordado. Tinha vontade de dormir eternamente para nunca mais acordar. O curioso é que todos os meus familiares e amigos tinham um diagnóstico para a minha doença... uns diziam ser coisa do coração, outros falavam que era coisa da minha cabeça, mas só eu sei o que precisei enfrentar diariamente. Vai ver que eram ambos os problemas, afinal, eu só conseguia pensar em coisas ruins e sentir uma imensa angústia aqui dentro.

Nesse momento, ela colocou as suas duas mãos sobre o peito.

Ela, então, prosseguiu...

— A gente não sente vontade de nada – nem mesmo das coisas que mais gostamos de fazer. Estranho é que eu tinha uma vida normal... mas sentia um cansaço que não conseguia explicar. Algo muito mais forte do que eu.

Tentar viver sem meus filhos e meu marido era algo inimaginável. A cada segundo, eu travava uma batalha para me manter viva. Eu tinha vontade de morrer a cada respiração. Foi desesperador o que enfrentei todos aqueles dias. Só de lembrar, já me sinto derrotada. Às vezes, preferia sair de cena e me trancava no meu quarto. Não queria nenhum contato, nenhum conselho… não queria interagir.

Eu não queria ver nem ouvir ninguém…

Muitos falavam que eu só reclamava e que usava da depressão porque era conveniente, que era um motivo para que as pessoas sentissem pena de mim. Outros já não se incomodavam com o meu choro e até falavam que eu precisava ir ao psiquiatra com urgência.

Eles diziam que eu tinha que sair do luto, pois, um dia, reencontraria meus filhos e meu marido, mas nada daquilo me dava forças para respirar… para viver… meus familiares diziam que eu estava ficando louca, e coisas do tipo.

O que ninguém entendia, porém, era que eu sentia muito medo de falar das minhas dores; sentia o peso da angústia em me manter acordada. Ninguém entendia o fato de eu buscar refúgio ao dormir para conseguir esquecer a dor que sentia, e, com isso, fazer o tempo passar mais rápido… contando os segundos finais para desencarnar.

Essa era a minha luta de todos os dias. Eu tinha de enfrentar o meu "EU" em pedaços e, depois, juntá-lo novamente, quando a madrugada invadia o meu pequeno quarto escuro. Ninguém entendia o quanto eu queria sair daquilo: era como uma prisão. Eu era prisioneira de medos, fracassos, mágoas e angústias. Prisioneira do luto.

Ninguém entendia que eu não via mais graça em nada, e isso não tinha nada a ver com antipatia. Não entendiam que a força que me puxava para a cama era bem maior do que a que me encorajava a me levantar dela para ver o mundo e conhecer pessoas, para tentar juntar os pedaços que sobraram de mim...

Eu não tinha forças para falar, para saudar alguém ou mesmo para me arrumar. Eu me olhava no espelho e gostava do meu pijama velho e rasgado, do meu cabelo bagunçado, do cheiro que exalava de mim. Eu não me preocupava com isso, pois a bagunça e os rasgos eram bem maiores dentro de mim.

Ah, como eu queria que fosse frescura... como eu queria que fosse uma fase, que fosse preguiça ou que só a vontade bastasse para mudar tudo aquilo. Mas o que ninguém percebia era a autoestima perdida e o desencanto que se fazia presente. Ninguém conseguia ver a minha luta diária para virar a página; ninguém via como eu me sentia impotente diante de tanta dor, pensando, muitas vezes, em entregar os pontos.

A depressão é como um monstro que te aprisiona em uma jaula e joga a chave fora... é como estar no meio da maré e ela querer te levar: você tenta, com todas as suas forças, mas, uma hora, você cansa e se entrega às marolas do oceano da tristeza. E é assim que era a minha vida.

A tal depressão quase me levou, e ela pode levar muita gente se algumas pessoas continuarem acreditando que ela é frescura; se continuarem achando que o outro precisa de motivos para as suas dores; que é falta de vontade ou, sei lá, que a pessoa é muito sentimental. Ela pode levar muita gente, como já tem levado, porque muitos continuam acreditando que remédios bastam, e que "é apenas uma fase e logo vai passar".

Quando a escuridão te toma, é muito difícil enxergar qualquer claridade...

Quantas vezes, chorei sozinha no banheiro para ninguém ver... quantas vezes, quis dormir e acordar leve. Nunca chame algo assim de "falta de fé" ou "falta de Deus". Assim pensava, até encontrar-me com o meu passado... até o dia em que quase atingi o meu objetivo: o suicídio.

Felizmente, consegui concluir minha tarefa terrena e não me entreguei ao pior.

O meu nome é Helena, tenho 27 anos, e estou na colônia espiritual Amor e Caridade após passar um curto período de tempo no Umbral. Gostaria que todos soubessem como foi a minha última experiência terrena. Agradeço muito ao Daniel e à Nina por me permitirem essas linhas, pois sei que muitas pessoas sofrem de depressão, e não compreendem bem os motivos.

Espero auxiliar a quem precisa de ajuda, e espero sinceramente que essas linhas possam orientar todos aqueles que estão ao lado de um depressivo. Que através da minha experiência, possam tornar a vida do doente um pouco melhor, afinal, a depressão existe e, algumas vezes, é um dos vários instrumentos destrutivos e purgatórios existentes para que a alma se torne espírito de luz.

Claro que cada caso é um caso, e esta é a minha história, é a minha vida... e é isso e muito mais o que eu gostaria de contar.

— É uma história muito interessante, Helena.

— Precisamos passá-la adiante, pois uma experiência como a minha não pode ficar guardada em mim; do contrário, não será útil a ninguém. Eu quero te agradecer por ter sido escolhido para essa tarefa. Aliás, quero agradecer a você, à Nina, e a todos os espíritos que, juntos de nós, também irão falar – disse Helena.

— Escreva, Osmar. Você não pode parar – disse Nina.

— Enquanto vocês estiverem ao meu lado, contem comigo.

— Posso dizer só mais uma coisa?

— Claro, Helena.

— Eu me chamo Helena e quero convidá-los para conhecerem a minha história. Sejam todos muito bem-vindos ao livro *Depressão – A Vida sem Mim*.

— Vamos escrever! – disse.

— Vamos! – disse Helena, animada.

Naquele instante, Nina olhou para mim com ternura e, mais uma vez, agradeci a ela e a Deus por me permitirem esta encarnação.

Nina e eu deixamos Helena na escola e fomos ter uma conversa a sós antes de começarmos efetivamente a escrever este livro.

"

A depressão é o grito desesperado da alma que quase ninguém ouve...

"

Dr. Marcos

Instruções da mentora

Após sair do núcleo escolar, passamos a caminhar pelas largas alamedas de Amor e Caridade, até chegarmos a um lindo jardim de flores amarelas.

Foi nesse mesmo lugar que nos encontramos com Felipe na psicografia do livro *Cinco Dias no Umbral*.

Eu estava muito introspectivo e, ao notar o meu silêncio, Nina me convidou para nos sentarmos em um banco no meio do jardim.

— Por que você está tão calado, Osmar?

— Ah, minha doce mentora... tenho passado por momentos muito difíceis em minha vida atualmente.

— O que está acontecendo?

— As minhas provas não são fáceis. Sei que tenho que passar por tudo isso e ser resiliente, mas confesso que tem muitas coisas que acontecem comigo pelas quais não consigo compreender.

— Quer desabafar?

— Você, mais do que ninguém, sabe o que venho enfrentando.

— O fato de você ser médium e de cumprir com tudo o que lhe solicitamos não lhe afasta das provas que tens de enfrentar para purgar-se definitivamente das mazelas de suas encarnações anteriores. Não há privilégios ao ter que expiar para se tornar melhor.

— Sei disso. E confesso que é essa certeza o que me mantém no leme.

— Tenha calma. Tudo é prova, por vezes, incompreensíveis, mas necessárias ao aperfeiçoamento.

— Sei e te agradeço pelas palavras e pelo amor que recebo de todos vocês.

— Sempre que precisar, conte comigo.

— Gratidão, Nina.

Após uma pequena pausa reflexiva, resolvi continuar com o nosso diálogo sobre os questionamentos de tudo o que venho enfrentando, enquanto admirava aquele lindo lugar.

— Nina?

— Sim.

— Por que sofremos tanto? Por que temos tantas aflições? Por que temos tanta dificuldade em aceitar o que acontece conosco? Eu ouvi atentamente o que você me falou, mas há algo a mais que você possa acrescentar?

— Temos conversado muito sobre todas as aflições das quais vocês, encarnados, sofrem durante o processo evolutivo. Estar entre os seus, encarnado, não é fácil, sabemos disso. A imperfeição espiritual, latente na maioria dos espíritos encarnados, dificulta demasiadamente o processo evolutivo do espírito, que, preso às mazelas terrenas, não valoriza os sentimentos, preocupado com suas conquistas pessoais que, na maioria das vezes, são conquistas de bens materiais, de coisas que se sobrepõem à verdade e ao amor ao próximo.

Preste muita atenção no que vou te dizer:

— Estou prestando.

— Você só vai conhecer verdadeiramente o seu marido ou a sua esposa no dia do divórcio, porque o amor, da maneira como vocês conhecem em uma relação, é geralmente recheado de interesses próprios. Sei que o que falo pode ferir alguns princípios, mas, o que estou dizendo, na verdade, é o que temos observado no seu plano atualmente.

— Compreendo, Nina.

— Você só vai conhecer os seus irmãos, de verdade, na partilha da herança deixada pelos seus pais, porque o amor entre irmãos, na maioria das vezes, é um amor ganancioso e sem princípios cristãos.

Você só conhecerá os seus filhos, de fato, na velhice, porque infelizmente o que mais temos visto no momento são pais e mães abandonados em asilos ou em leitos hospitalares, entregues a cuidadores pagos com recursos adquiridos durante a própria vida desses pais.

E os seus verdadeiros e mais sinceros amigos serão aqueles que irão lotar ou esvaziar a capela de onde estarão velando o seu corpo no dia da sua despedida terrena, ou seja, no dia do seu funeral.

— É triste, mas é a mais pura verdade, Nina. Compreendo e não me sinto ofendido com tudo o que você está me dizendo, pois, infelizmente, é a realidade. Parece que o amor morreu; deixou de existir; foi trocado por interesses pessoais e humanos.

— Muitas pessoas fingem ser o que não são, Osmar, atrasando demasiadamente a evolução que vos ensina que o desprendimento material é uma conquista, e não um troféu.

— Por qual motivo as pessoas fazem isso, Nina?

— Por não terem coragem de se aceitar como são, pela falta de capacidade intelectual, por comodidade, pela falta de caráter ou insegurança. Isso sem contar a falta de amor-próprio, que pode provocar consequências que vão muito além da baixa autoestima, provocando também o aumento da ansiedade, da depressão... até mesmo problemas de relacionamentos podem surgir, à medida que os cuidados pessoais vão sendo deixados de lado, disfarçados de amor sincero. A família é e sempre será a base da felicidade, Osmar.

— Meu Deus, seria muito mais fácil se todos fôssemos sinceros e transparentes; se nos preocupássemos com o futuro fora do nosso corpo material, que, para muitos, infelizmente, é uma utopia.

— É aí que está a grandeza de nosso Pai.

— Por quê, Nina?

— Quando vocês chegarem à vida espiritual, vocês só vão conseguir ser o que são em essência. Aqui, não há como ser outra coisa. Aqui, somos o que somos, e nada, além disso.

— Deve ser um caos.

— É um verdadeiro oceano de lágrimas de arrependimento pelo tempo desperdiçado e pelas oportunidades perdidas... pelas mazelas contraídas em razão da incapacidade de amar sinceramente.

— Imagino...

— Todos vocês fogem para não ouvir ou saber da verdade. Estão sempre se esquivando daquilo que vocês têm preguiça de acreditar. Se todos se conscientizassem do que estou falando agora, vocês viveriam na Terra, o que se vive aqui.

— Posso dizer uma coisa, Nina?

— Diga.

— Fico imaginando como deve ser viver em um lugar onde não exista mentira, falsidade, mau-caratismo, desonestidade e as demais mazelas que tanto nos afastam da evolução.

— Como eu disse, o que acontece aqui, em primeiro lugar, são dias, meses, e, às vezes, até anos de tristeza, assemelhando-se a uma depressão espiritual, por desperdiçarem tantas coisas, tantas oportunidades de acreditarem no óbvio.

— Imagino.

— Ao se perdoarem, os espíritos em sofrimento buscam uma oportunidade de refazer todo o percurso. E é pela misericórdia divina que os planos espirituais estão organizados e preparados para todos os que, após o desenlace carnal, sofrem pelo arrependimento do tempo perdido.

Quando não são encaminhados para uma nova encarnação, os espíritos se dedicam ao estudo sistematizado e promovem as transformações necessárias ao entendimento da vida eterna. Mas isso não quer dizer que será fácil conquistar tais mudanças, pelo contrário, é mais fácil evoluir estando encarnado do que desencarnado.

— Quer dizer que existem várias oportunidades ao chegar à vida espiritual?

— Ele é amor em essência. Lembre-se sempre disso.

— Por que somos assim, meu Deus? Por quê?

— Assim, como?

— Ignorantes… para não dizer burros mesmo.

— Isso acontece porque vocês ainda não têm o entendimento do que é a perfeição; por estarem sendo enganados, quando, na verdade, deveriam estar se aperfeiçoando para a continuidade da vida.

— O que é a perfeição, Nina?

— Olha, Osmar, confesso a você, com toda a sinceridade, que continuo em busca dessa resposta. Mas tenho algumas referências.

— Poderia nos dizer?

— Quem é seu pai, Osmar?

— Terreno ou espiritual?

— Quem te criou? Este é seu verdadeiro pai.

— Desculpe-me, Nina.

— Responda, por gentileza, quem é o seu pai?

— Deus.

— Foi Ele quem te criou?

— Segundo as informações repassadas por vocês, Deus criou todas as coisas.

— Se foi Ele quem te criou, o que Ele quer de você?

— Espiritualmente?

— Sim. Você não é humano. Você é e sempre será um espírito eterno.

— Ele quer que eu me torne perfeito.

— E qual é o objetivo d'Ele ao desejar que seu amado filho se torne perfeito?

— Acho que é para viver eternamente ao seu lado.

— Sentado em uma cadeira, olhando para a Criação?

— Sinceramente?

— Sim.

— Não sei se eu conseguiria ficar sentado em uma cadeira olhando a Criação.

— O que você faria, então?

— Acho que iria pedir ao meu pai uma oportunidade de trabalho ao lado d'Ele.

— Então, Deus iria permitir que você, sendo filho d'Ele, trabalhasse ao Seu lado como um "deusinho", é isso?

— É o mais lógico.

— E se eu te dissesse que Deus é infinito, e tudo o que Ele criou é igualmente infinito, você acreditaria?

— Claro! Afinal, Ele é Deus.

— E o que você acha que existe nesse infinito?

— Ah, sei lá… acho que existem milhares de galáxias, planetas, dimensões, vida…, mas uma coisa eu já aprendi.

— O quê?

— Deus é vida em abundância…

— Você está muito próximo de descobrir um dos mistérios de Deus, sabia?

— Sério?

— Deixe-me te dizer uma coisa.

— Diga — disse, ansioso.

— Existem bilhões de galáxias espalhadas pelo infinito de Deus, e, em cada galáxia, há planetas girando em torno de uma estrela possibilitando a vida da maneira como vocês conhecem, e também da maneira como vocês ainda não conhecem. Assim, para cada planeta, está destinado um grupo de espíritos superiores e mais evoluídos (filhos de Deus, como você), cujo objetivo é cuidar da evolução dos demais irmãos. Isso acontece sucessivamente, ou seja, quando um espírito atinge o grau de Espírito Crístico, ele é destinado a cuidar de outros irmãos, de outros planetas, de outras galáxias e de outras dimensões. Você acredita nisso?

— Como não acreditar em algo tão óbvio?

— Agora, você já conhece mais um dos mistérios de Deus.

— Então, a nossa evolução é necessária para que, um dia, a gente possa estar ao lado de Deus para auxiliá-Lo na administração de todo o Universo, é isso?

— Na sua linguagem, sim.

— E tem outra linguagem para isso?

— A perfeição é singular. Cada um tem um tempo certo para compreendê-la e acessá-la integralmente. Imaginar que o que te revelei há pouco é tudo o que existe, seria o mesmo que igualar o Criador à Criatura. Há mistérios na Criação pelas quais nem eu, que sou espírito puro, passei a ter acesso ainda… para você ter uma ideia.

— Jesus!

— A superioridade intelectual e moral dos Espíritos Crísticos nos impressiona muito.

— Por quê?

— São de um nível de inteligência ainda não acessada por nós.

— Nina, o que são Espíritos Crísticos?

— São espíritos (irmãos) que atingiram certo grau de evolução que permite a eles serem responsáveis pela vida em todas as coletividades planetárias.

— Que legal! E quantas comunidades planetárias existem?

— Acredito que bilhões, dada a grandeza de nosso Pai.

— Deixa eu ver se entendi, Nina.

— Diga.

— Somos criados simples e ignorantes para que, através das provas evolutivas, nos tornemos Espíritos Crísticos. Daí, após essa conquista, somos destinados a cuidar de uma galáxia, um planeta, uma dimensão, ou qualquer coisa que esteja consoante com tudo aquilo que me tornei, e que também esteja em evolução, é isso?

— Até onde sei, você está corretíssimo.

— Mas tenho outra pergunta…

— Faça.

— Por que tanto sofrimento, tantas mazelas, tantas encarnações?

— Do que um médico precisa para se tornar um bom médico, Osmar?

— Saber medicina.

— E o que ele faz para aprender medicina?

— Estuda em uma faculdade na qual lhe é ensinado tudo sobre a profissão. São muitos anos dedicados aos estudos. Depois, é preciso fazer um estágio — o qual chamamos de residência, para que ele possa aperfeiçoar-se para, na sequência, colocar em prática tudo o que aprendeu.

— Acho que você já entendeu.

— Não. Não entendi…

— Para que você se torne um espírito superior, você precisa de uma faculdade: a faculdade da vida. As dificuldades, as perdas, os dramas, as experiências boas e as ruins... são elas que vão te moldando para a perfeição. Assim, ao retornar à pátria espiritual, você passa por experiências espirituais com o intuito de colocar em prática tudo o que aprende nos processos encarnatórios.

Geralmente, essas provas se destinam ao socorro dos irmãos encarnados nos atendimentos em centros espíritas ou, ainda, ao socorro dos irmãos desencarnados que estão em sofrimento nas regiões purgatórias, dentre elas, os umbrais.

Como você administrará um planeta, se você não conhece os seres que nele vivem?

Como lidar com algo que você não conhece?

Como ajudar a solucionar um problema, se você nunca teve um igual para resolver?

"Nada se perde no Universo"

Tudo o que você está vivendo hoje, e aprendendo através das experiências diárias, sejam elas boas ou ruins, tem um motivo e uma razão de ser, e tudo isso lhe será útil em algum lugar e em algum momento.

É por esse motivo, por exemplo, que o espírito deixa de reencarnar quando adquire certo grau de perfeição. É justamente através das experiências terrenas e espirituais que o espírito interrompe esse processo.

É por isso também que muitas das coisas que lhe acontecem hoje, nós já temos a resposta, pois, em algum momento ou em alguma encarnação minha, eu passei pela mesma prova que você está passando agora.

Para nós, espíritos desencarnados, não são somente os livros, o estudo e a tarefa educacional, as coisas que nos aprimoram; tudo isso é muito útil, mas o que realmente nos transforma é a vivência das encarnações, porque é na dor que modificamos tudo em nós.

"Ninguém se modifica sorrindo"

Todo sofrimento gera transformações interiores, e são essas transformações que aperfeiçoam os espíritos. Nós já somos especialistas em quase tudo o que você está vivendo atualmente para evoluir, afinal, foram muitas as encarnações probatórias.

— Meu Deus...

— O que tem ele?

— Toda vez que recebo essas orientações, vejo o quanto estou distante de mim...

— É para isso que estamos psicografando; portanto, não se preocupe. Apenas absorva os ensinamentos e coloque-os em prática. De nada adiantará todo o meu esforço, se as palavras aqui colocadas não te ajudarem.

Sabemos que muitos vão ler estas linhas, e de nada adiantará nossa dedicação; mas o que seria de vocês, se não tivessem acesso a essas informações?

Quanto tempo mais precisaríamos para levar até vocês o que é a vida do lado de cá? Faça a sua parte, pois a espiritualidade está fazendo a dela. Por isso, tantas psicografias e tantas mensagens na atualidade.

— É muito difícil, Nina.

— Se fosse fácil, qual seria o sentido da vida?

— É verdade…

— Tenha calma. Você já deu passos importantes em sua evolução.

— Sério?

— Se não tivesse dado, certamente não seria o médium ao qual estaríamos utilizando para grandiosa tarefa.

— É. Mas exercer essa tarefa não é nada fácil, principalmente pelo que passamos por escrever o que escrevemos.

— Achas que foi fácil para os que vieram antes de você?

— Acredito que não.

— Agradeça às oportunidades, por haver um tempo em que se queimavam as pessoas vivas em fogueiras, somente por escreverem um bilhete.

— Meu Deus, perdoe-me.

— Extraia de tudo o que te dissemos as lições transformadoras, pois isso lhe será útil em algum momento de sua existência.

— Sou grato, Nina! Muito grato por tudo…

— Deixe-me te dizer outra coisa.

— Diga.

— Quando comparamos as decisões de Deus ao que sabemos da vida, na verdade, nós estamos humanizando Deus, e Ele não é nem nunca foi humano. Os sentimentos que temos e carregamos em nós nunca devemos ser comparados aos de Deus.

Ele é a perfeição. O Criador de todas as coisas. Onisciente, onipotente, bondoso, misericordioso e Perfeito. Sendo assim, ouça o que dizem os espíritos, e não dê ouvidos a quem não sabe quais são os reais propósitos da encarnação.

Existem muitos falsos profetas, como alertado pelo nosso querido e amado irmão Jesus.

Não se julga um livro pela capa ou um perfume pelo frasco.

A essência humana é o que se deve valorizar.

Eu disse "essência" — que difere de comportamento, humor ou paciência.

Essência é o que vem de dentro. É aquilo que o irmão demonstra no momento da prova.

Osmar, se alguém está caminhando ao seu lado na rua e, de repente, tropeça e cai, o que você faz?

— Corro para socorrer.

— Todos fazem isso?

— Apenas alguns, segundo as cenas às quais tive a oportunidade de observar até hoje.

— Enquanto as pessoas não estiverem moralmente prontas para socorrer quem quer que seja, elas estarão muito longe dos desejos de Deus. O amor pelo irmão deve ser sem interesses, sem maldade, sem ganância ou simplesmente por fazer. Por amor… e empatia.

Aquele que tem o dom da palavra de Deus, deve ser admirado pela palavra de Deus, e não endeusado. Fortuna, carrões, dízimos, ofertas, oferendas… tudo isso não pertence a Deus. Tudo isso é da encarnação, e nela deve ficar. Tudo isso é do homem, que desperdiça o dom e as oportunidades de aperfeiçoar-se para agradar ao Pai, que tudo sabe e tudo vê.

Enquanto alguém cair do seu lado, e seu instinto de auxílio não for o de agir automaticamente, você estará distante de Deus.

— Ainda bem que essa fase aí, eu acho que já passei.

— Olha, preste atenção em uma coisa.

— Sim, Nina.

— Você conhece alguém que acredita em Deus?

— Várias pessoas dizem acreditar em Deus.

— E agem como se acreditassem em Deus?

— Sinceramente?

— Sim.

— Não.

— Por que não?

— Porque acreditar em Deus é algo que não se diz, se pratica.

— Ótima a sua resposta, Osmar.

— Nina, infelizmente, o que mais vemos por aí são pessoas que dizem acreditar em Deus, mas que agem totalmente de forma contrária aos ensinamentos divinos. Fazem mal. São avarentas. Pregam mentiras. Enganam pessoas de bem e fragilizadas. São orgulhosas. Se dizem poderosas. Fingem ser o que não são.

Serei bem sincero com você, minha mentora. Tenho 64 anos e, até hoje, em todas as religiões que pratiquei, conheci ou participei, ainda não encontrei ninguém que demonstrasse acreditar na existência de Deus.

— O que te leva a essa afirmação?

— Posso citar várias coisas e afirmo com segurança: "ESSAS PESSOAS NÃO ACREDITAM EM DEUS".

— Cite algumas das suas certezas...

— Primeiro, se a maior e mais rica igreja existente em nosso planeta vendesse 5% de seu patrimônio imobiliário, ela acabaria com a fome no mundo. Isso, sem falar no banco que ela possui e de suas reservas financeiras que são estratosféricas.

— Ótimo!

— Segundo, a maioria das igrejas segue essa doutrina, à qual temos de sustentar e enriquecer em nome de Deus. Jesus sequer tinha uma casa. Os que se dizem representantes da palavra de Deus vivem uma vida de marajás e se acham possuidores da verdade. Discriminam tudo e todos em nome de suas verdades. Doutrinadores ideológicos... malditos profetas. Pura heresia... não acreditam em Deus.

E terceiro, minha nobre mentora. As pessoas dizem acreditar em Deus, quando estão em templos, igrejas, sinagogas... enfim, em seu lugar de adoração ou culto, mas quando chegam em casa ou mesmo antes de chegar, são verdadeiros demônios. Maltratam, roubam, enganam, mentem, são sujos... verdadeiros demônios disfarçados de bons homens e boas mulheres. Pastores, bispos, bispas, profetas, profetisas... todos, sem exceção na minha tosca visão, são, na verdade, malditos fariseus... hereges. O amor ao outro somente existe dentro do que eles chamam de santo e para aqueles que bancam seus luxos.

— Você tem toda razão.

— Perdoe-me se estiver errado, mas essa é a impressão que tenho daqueles que dizem acreditar em Deus. Não sei se fui grosso ou rude em minhas palavras, mas sou assim. Acho, sinceramente, que pelo fato de você ser um espírito evoluído, eu deveria conter mais os meus pensamentos e o que penso verdadeiramente sobre a vida.

— Deus não, é algo, Osmar. Deus não existe.

— Deus não existe? Como assim?

— Osmar, o que mais gosto em você é o seu jeitão de falar sobre a espiritualidade; portanto, não se preocupe com isso. Até porque, se eu exigisse de você um linguajar mais rebuscado, nós não estaríamos atingindo o nosso objetivo.

O nosso objetivo com a sua psicografia é o de levar os ensinamentos dos espíritos aos mais simples e mais humildes, e, para falar com eles, nós precisamos de um linguajar de mais fácil entendimento. Foi justamente por isso que te escolhemos.

Continue escrevendo de forma simples para o simples, e isso nos atende.

— Obrigado pela sua compreensão e sabedoria, Nina.

— Não se acanhe por pensar e falar do seu jeito.

— Mas, Nina… Deus não existe? Como assim?

— Deus é a existência, Osmar…

— Sim, e é exatamente nisso que acredito.

— Deixemos esta mensagem para a reflexão de todos que desejam a glória.

— Fico triste.

— Triste com o quê?

— Com tudo isso.

— Tudo isso, o quê?

— Com a nossa incapacidade e a nossa imperfeição em compreender Deus.

— Tenha paciência. Está tudo no curso natural da Criação e, no momento certo, todos encontrarão Deus.

— Nina, posso te perguntar outra coisa?

— Claro que sim.

— Você já viu Deus?

— Vocabulário incorreto, Osmar.

— Perdoe-me, mas o que fiz?

— Deus não pode ser visto, porque Deus não é visível. Deus não tem forma nem formato. Deus só pode ser sentido, e Ele está em todas as coisas da Criação.

— Perdoe-me pela minha imperfeição.

— Você está na condição humana, sendo assim, é comum pensar e agir como humano. Não se preocupe, eu compreendo.

— Obrigado, Nina.

— Não tens que agradecer.

— Mas devemos ser pacientes, não é?

— A paciência é uma virtude, sabia?

— Sim, eu sei que o exercício das virtudes é o que nos aperfeiçoa.

— Se você já conhece o caminho, basta segui-lo.

— Estou tentando fazer o meu melhor.

— Então, deixe-me te dar um conselho, posso?

— Claro!

— Não queira ser reconhecido pelo que você está fazendo. Não se preocupe com o que as pessoas vão pensar a seu respeito nesse momento. Continue a agir como o faz. O sábio não deve ser reconhecido pelo que faz, mas sim pelo que fez.

Até os mais mentirosos perderão quando a obra que você realizou continuar auxiliando as pessoas a se tornarem melhores e amparando os mais necessitados. Todos os que te criticam hoje passarão vergonha quando o seu passado falar por você.

Olhe ao seu redor e veja quem teve ou tem a coragem que você tem de realizar tarefa tão edificante a todos que leem os livros que você psicografa, ou a todos assistidos nas obras de caridade que você fundou, por meio de recursos oriundos dos livros. Portanto, evoluir é pessoal, íntimo e demonstrado em atitudes. Não se importe com os que hoje blasfemam contra você. Importe-se em continuar.

Naquele momento, algumas lágrimas visitaram os meus olhos.

Calei-me por alguns segundos para me recuperar.

— Nina, não tenho palavras para agradecer por ser o portador desses ensinamentos, e obrigado pelo reconhecimento da minha luta diária para seguir em frente.

— Tudo é merecimento, não se esqueça disso. A recompensa pela encarnação não está onde a traça e a ferrugem podem destruir. A recompensa por aquilo que você está se tornando está no reino de Deus.

— Gratidão por tudo. Sabe, Nina, eu passo por momentos muito difíceis comigo mesmo, como te falei ainda há pouco.

— Estou ao seu lado. Fique certo de que, enquanto você estiver devotado a realizar a nossa tarefa, em momento algum te deixaremos só. Muitas vezes, você não perceberá a nossa presença, por ser desnecessário estarmos visíveis a todo instante, mas fique certo de que estamos sempre cuidando de você.

— Obrigado, Nina.

— Vamos em frente?

— Lembrei-me agora do Deus de Spinoza.

— Deus de Spinoza? O que é isso?

— Não me lembro em qual dos livros conversei com o Lucas a respeito do Deus de Spinoza, mas ele ficou muito feliz com essa interpretação de quem é Deus.

— Mas o que é isso?

— Deixa eu te dizer... você já ouviu falar ou conhece Albert Einstein?

— Um grande espírito, que cumpriu uma linda tarefa enquanto esteve encarnado. É o que sei sobre ele.

— Uma vez, perguntado se acreditava em Deus, ele deu a seguinte resposta: *"Acredito no Deus de Spinoza, que se revela por si na harmonia de tudo o que existe, não no Deus que se interessa pela sorte e pelas ações dos homens."*

— Que interessante.

— E ele prosseguiu, Nina. Posso continuar?

— Estou curiosa.

— Mensagem de "quem é Deus", segundo Baruch Spinoza:

"Pare de ficar rezando e batendo no peito! O que quero que faça é que saia pelo mundo e desfrute a vida. Quero que goze, cante, divirta-se e aproveite tudo o que fiz para você.

Pare de ir a esses templos lúgubres, obscuros e frios que você mesmo construiu e acredita ser a minha casa! Minha casa são as montanhas, os bosques, os rios, os lagos, as praias, onde vivo e expresso Amor por você.

Pare de me culpar pela sua vida miserável! Eu nunca disse haver algo mau em você, que é um pecador ou que sua sexualidade seja algo ruim. O sexo é um presente que lhe dei e com o qual você pode expressar amor, êxtase, alegria. Assim, não me culpe por tudo o que o fizeram crer.

Pare de ficar lendo supostas escrituras sagradas que nada têm a ver comigo! Se não pode me ler num amanhecer, numa paisagem, no olhar de seus amigos, nos olhos de seu filhinho, não me encontrará em nenhum livro.

Confie em mim e deixe de me dirigir pedidos! Você vai me dizer como fazer meu trabalho?

Pare de ter medo de mim! Eu não o julgo, nem o critico, nem me irrito, nem o incômodo, nem o castigo. Sou puro amor.

Pare de me pedir perdão! Não há nada a perdoar. Se eu o fiz, eu é que o enchi de paixões, de limitações, de prazeres, de sentimentos, de necessidades, de incoerências, de livre-arbítrio. Como posso culpá-lo se responde a algo que pus em você? Como posso castigá-lo por ser como é, se eu o fiz?

Crê que eu poderia criar um lugar para queimar todos os meus filhos que não se comportem bem, pelo resto da eternidade? Que Deus faria isso? Esqueça qualquer tipo de mandamento, qualquer tipo de lei, artimanhas para manipulá-lo, para controlá-lo, que só geram culpa em você!

Respeite seu próximo e não faça ao outro o que não queira para você! Preste atenção na sua vida, que seu estado de alerta seja seu guia!

Esta vida não é uma prova, nem um degrau, nem um passo no caminho, nem um ensaio, nem um prelúdio para o paraíso. Esta vida é só o que há aqui e agora, e só o que você precisa.

Eu o fiz absolutamente livre. Não há prêmios, nem castigos.

Não há pecados, nem virtudes. Ninguém leva um placar. Ninguém.

Leva um registro. Você é absolutamente livre para fazer da sua vida um céu ou um inferno.

Não lhe poderia dizer se há algo depois desta vida, mas posso lhe dar um conselho: Viva como se não o houvesse, como se esta fosse sua única oportunidade de aproveitar, de amar, de existir. Assim, se não houver nada, você terá usufruído da oportunidade que lhe dei.

E, se houver, tenha certeza de que não perguntarei se você foi comportado ou não. Perguntarei se você gostou, se se divertiu, do que mais gostou, o que aprendeu.

Pare de crer em mim! Crer é supor, adivinhar, imaginar. Eu não quero que você acredite em mim, quero que me sinta em você. Quero que me sinta em você quando beija sua amada, quando agasalha sua filhinha, quando acaricia seu cachorro, quando toma banho de mar.

Pare de louvar-me! Que tipo de Deus ególatra você acredita que eu seja? Aborrece-me que me louvem. Cansa-me que me agradeçam. Você se sente grato? Demonstre-o cuidando de você, da sua saúde, das suas relações, do mundo. Sente-se olhado, surpreendido? Expresse sua alegria! Esse é um jeito de me louvar.

Pare de complicar as coisas e de repetir como papagaio o que o ensinaram sobre mim! A única certeza é que você está aqui, que está vivo e que este mundo está cheio de maravilhas.

Para que precisa de mais milagres? Para que tantas explicações? Não me procure fora. Não me achará. Procure-me dentro de você. É aí que estou batendo em você".

O que achou?

— Perfeito. Quem escreveu isso?

— Um filósofo chamado Baruch Spinoza.

— Perfeita colocação de quem é Deus.

— Você concorda com ele?

— Sim. Um sábio pensador. Provavelmente, um espírito muito evoluído que esteve entre vocês.

— É comum, na encarnação, enviarem espíritos para nos ajudar, Nina?

— Não estaríamos escrevendo um livro, se os precursores não tivessem vindo. Tudo segue o curso natural da evolução, como tenho dito. Todos os dias, chegam à encarnação irmãos que se voluntariam para a missão de auxiliar todos vocês a evoluírem, e isso acontece em todos os ramos das sociedades e em todos os lugares, Osmar.

— Isso quer dizer que os grandes nomes da nossa história são, na verdade, espíritos evoluídos que vêm à Terra para, através das invenções, dos pensamentos e das descobertas, impulsionar todos nós a evoluir, é isso?

— Exatamente. Desde a primeira encarnação, voluntários do amor estão entre vós.

— É ótimo poder escrever isso.

— Osmar?

— Sim.

— Vamos voltar para a psicografia?

— Vamos.

— Aguarde o momento certo em que irei te procurar para darmos continuidade, pode ser?

— Sim, estarei te esperando.

— Até breve!

— Até, Nina!

“

Muitas vezes, não é a lágrima que demonstra o que carregamos por dentro. Fique atento aos sorrisos...

”

Osmar Barbosa

A depressão, segundo a medicina

Na manhã seguinte, encontrei-me novamente com a Nina. Ela me pediu para que eu fizesse um estudo sobre o cenário atual do que a medicina, o espiritismo e a espiritualidade têm a nos dizer sobre a depressão, e assim o fiz.

— Osmar?

— Oi, Nina.

— Posso te pedir uma coisa?

— É claro.

— Antes de ouvirmos a Helena e os nossos irmãos, acredito ser de suma importância abordar os aspectos científicos e, se possível, espirituais relatados atualmente acerca do que é a depressão. Acho que será muito útil para o que escreveremos. Você poderia fazer isso?

— Claro que sim.

— Obrigada!

Lá fui eu fazer um estudo sobre o que foi solicitado pela mentora. Estes são os melhores e mais atuais relatos que temos atualmente sobre o que é a depressão na visão médica.

A depressão é considerada pela Organização Mundial da Saúde (OMS) como o "Mal do Século". No sentido patológico, há a presença de tristeza, pessimismo e baixa autoestima — que aparecem com frequência e podem combinar-se entre si.

A depressão provoca ainda a ausência de prazer em coisas que antes faziam bem e grande oscilação de humor e de pensamentos, que podem culminar em comportamentos e atos suicidas.

O tratamento é feito com auxílio médico profissional, por meio de medicamentos e acompanhamento terapêutico, conforme cada caso. O apoio da família é fundamental.

Está presente na literatura médica e científica mundial que a depressão também incita alterações fisiológicas no corpo, sendo porta de entrada para outras doenças.

Pessoas acometidas pela depressão podem, além da sensação de infelicidade crônica e prostração, apresentar baixas no sistema de imunidade e maiores episódios de problemas inflamatórios e infecciosos.

A depressão, dependendo da gravidade, pode desencadear também doenças cardiovasculares, como infarto, acidente vascular cerebral (AVC) e hipertensão.

O Centro de Valorização da Vida (CVV) realiza apoio emocional e prevenção do suicídio, atendendo voluntária e gratuitamente todas as pessoas que querem e precisam conversar, sob total sigilo, por telefone, *e-mail, chat* e telefonia IP (VoIP), 24 horas por dia, todos os dias.

A ligação para o CVV, em parceria com o Sistema Único de Saúde (SUS), por meio do número 188, é gratuita a partir de qualquer linha telefônica fixa ou celular. Também é possível acessar www.cvv.org.br para o *chat*.

Há uma série de evidências que mostram alterações químicas no cérebro do indivíduo deprimido, principalmente com relação aos neurotransmissores (serotonina, noradrenalina e, em menor proporção, dopamina), substâncias que transmitem impulsos nervosos entre as células.

Ao contrário do que geralmente se pensa, os fatores psicológicos e sociais muitas vezes são consequência e não causa da depressão. Vale ressaltar que o estresse pode precipitar a depressão em pessoas com predisposição, que provavelmente é genética.

Estima-se que uma em cada cinco pessoas no mundo apresentam problemas relacionados à depressão em algum momento da vida. A melhor forma de prevenir a depressão é cuidando da mente e do corpo, com alimentação saudável e prática de atividades físicas regulares.

Saber lidar com o estresse e compartilhar os problemas com amigos ou familiares é excelente alternativa, que pode ser aliada à prática de alguma atividade integrativa e complementar, como ioga, por exemplo.

Ajudam também a prevenir a depressão, a leitura, aprender coisas novas, ter *passatempos*, viajar e se divertir. Essas práticas mantêm a cabeça ativa e a ocupam com pensamentos positivos.

A ciência já comprovou que cuidar do corpo reflete na saúde mental positivamente. Atividades físicas liberam hormônios e outras substâncias importantes para a manutenção do humor.

Na alimentação, receitas ou dietas recheadas de azeite de oliva, peixes, frutas, verduras e oleaginosas (nozes, castanhas, etc.) são ideais para prevenir a depressão. Esses produtos são ricos em nutrientes que protegem e conservam a rede de neurônios.

Além das alterações de humor ou irritabilidade, ansiedade e angústia, a depressão possui diversos sinais e sintomas que podem ser isolados ou somatizados.

Os principais sintomas da depressão são:

• Irritabilidade, ansiedade e angústia;

• Desânimo, cansaço fácil, necessidade de maior esforço para fazer as coisas;

• Diminuição ou incapacidade de sentir alegria e prazer;

• Desinteresse, falta de motivação e apatia;

• Sentimentos de medo, insegurança, desesperança, desespero e desamparo;

• Pessimismo, ideias frequentes e desproporcionais de culpa, baixa autoestima;

• Sensação de inutilidade, ruína e fracasso;

• Interpretação distorcida e negativa da realidade;

• Dificuldade de concentração, raciocínio mais lento e esquecimento;

• Diminuição do desempenho sexual;

• Perda ou aumento do apetite e do peso;

• Insônia ou despertar matinal precoce;

• Dores e outros sintomas físicos não justificados por problemas médicos.

Existem alguns fatores de risco que podem contribuir para o desenvolvimento da depressão:

• Histórico familiar;

• Transtornos psiquiátricos correlatos;

• Estresse crônico;

• Ansiedade crônica;

• Disfunções hormonais;

• Excesso de peso;

• Sedentarismo e dieta desregrada;

• Vícios (cigarro, álcool e drogas ilícitas);

• Uso excessivo de internet e redes sociais;

• Traumas físicos ou psicológicos;

• Pancadas na cabeça;

• Problemas cardíacos;

• Separação conjugal;

• Enxaqueca crônica.

Como diferenciar tristeza de depressão?

• Tristeza tem motivo. A pessoa sabe que está triste.

• A depressão é uma tristeza profunda e, muitas vezes, sem conteúdo, sem motivo aparente. Mesmo se algo maravilhoso acontecer ou estiver acontecendo, a pessoa continuará triste.

• A pessoa triste pode ter sintomas no corpo, como sentir aperto no peito, taquicardia, chorar.

• A pessoa deprimida tem pensamentos suicidas.

• Quem está triste costuma ter pensamentos repetitivos sobre a razão da tristeza.

• Quando deprimida, a pessoa sente, pelo menos, duas semanas de uma tristeza profunda e contínua.

Como é feito o diagnóstico da depressão?

O diagnóstico é clínico e somente pode ser dado por um médico especialista, no caso, o psiquiatra, o qual é o responsável por tratar pessoas com transtornos mentais.

Como saber se a pessoa sofre de depressão?

Durante uma consulta com o médico especialista, serão feitos alguns testes e questionários, que podem apontar para o distúrbio.

Nesse momento, o psiquiatra também fará outras observações, como histórico do paciente e dos familiares, e poderá pedir alguns exames laboratoriais específicos para se chegar ao diagnóstico.

A depressão também pode estar associada a outros transtornos psiquiátricos e tem níveis de intensidade, podendo ser leve, moderada ou grave.

Cada caso é avaliado individualmente, e cada paciente recebe um diagnóstico e encaminhado para tratamento específico.

Tratamento:

O tratamento da depressão é essencialmente medicamentoso. Existem mais de trinta antidepressivos disponíveis que ajudam a regular a química cerebral e são aplicados, conforme cada caso, de acordo com cada paciente.

Ao contrário do que alguns temem, essas medicações não são como drogas, que deixam a pessoa eufórica e provocam vício.

A terapia é simples e, de modo geral, não incapacita ou entorpece o paciente. Alguns precisam de tratamentos de manutenção ou preventivo, que podem levar anos ou a vida inteira, com o intuito de evitar o aparecimento de novos episódios.

A psicoterapia auxilia na reestruturação psicológica do indivíduo, além de aumentar sua compreensão sobre o processo de depressão e na resolução de conflitos, diminuindo o impacto provocado pelo estresse.

A depressão não tem tempo específico para passar. Pode durar dias, semanas, meses ou anos. A pessoa em crise, após superar o transtorno mental, também pode, a qualquer momento, experimentar novos episódios da depressão.

Na maioria das vezes, o tratamento para depressão é feito combinando psiquiatra e psicoterapia, por meio de psicólogos.

Nesse contexto, o SUS tem papel importante na atenção à saúde e ao tratamento de pessoas com depressão e com outros problemas mentais.

Os atendimentos e tratamentos para depressão são feitos, prioritariamente, na Atenção Básica, principal porta de entrada para o SUS, ou nos Centros de Atenção Psicossocial (CAPS), onde o usuário recebe atendimento próximo da família, com assistência multiprofissional e cuidado terapêutico, conforme o quadro de saúde.

Nesses locais também há a possibilidade de acolhimento noturno e/ou cuidado contínuo em situações de maior complexidade, quando houver avaliação da equipe de referência para isto.

Para agravos do problema de depressão, ansiedade e/ou estresse, o Sistema Único de Saúde também disponibiliza medicamentos que auxiliam no tratamento dos pacientes.

Quando recomendado pelo médico, tais medicamentos podem ser retirados, gratuitamente, nas Unidades Básicas de Saúde (UBSs) ou nos demais estabelecimentos designados pelas secretarias de saúde dos municípios.

Como vencer a depressão?

O acolhimento das pessoas com sofrimento ou transtorno mental, incluindo depressão e as necessidades decorrentes do uso de álcool e outras drogas, e de seus familiares, é uma estratégia de atenção fundamental para a identificação das necessidades assistenciais, alívio do sofrimento e planejamento de intervenções medicamentosas e terapêuticas, se e quando necessárias.

Está previsto que os indivíduos em crise possam ser atendidos em qualquer serviço da rede de saúde. Os casos de pacientes em emergência devem ser atendidos nos serviços de urgência e emergência, que também constituem a

Rede de Atenção Psicossocial (RAPS). As diretrizes da política envolvem o governo federal e os estados e municípios.

Quais são os tipos de depressão?

Como já mencionado, um episódio depressivo pode ser categorizado como leve, moderado ou grave, a depender da intensidade dos sintomas. Um indivíduo com um episódio depressivo leve terá alguma dificuldade em continuar um trabalho simples e atividades sociais, mas, provavelmente, sem grande prejuízo no funcionamento global.

Durante um episódio depressivo grave, é improvável que a pessoa afetada possa continuar com atividades sociais, de trabalho ou mesmo domésticas. Uma distinção fundamental também é feita entre depressão em pessoas que têm ou não um histórico de episódios de mania.

Ambos os tipos de depressão podem ser crônicos, isto é, acontecem durante um período prolongado de tempo, com recaídas, especialmente se não forem tratados.

Transtorno depressivo recorrente:

Esse distúrbio envolve repetidos episódios depressivos. Durante esses episódios, a pessoa experimenta um humor deprimido, perda de interesse e prazer e energia reduzida, levando a uma diminuição das atividades em geral por pelo menos duas semanas.

Muitas pessoas com depressão também sofrem com sintomas como ansiedade, distúrbios do sono e de apetite e podem ter sentimento de culpa ou baixa autoestima, falta de concentração e até mesmo aqueles que são clinicamente inexplicáveis.

Transtorno afetivo bipolar:

Esse tipo de depressão consiste tipicamente na alternância entre episódios de mania e depressivos, separados por períodos de humor normal.

Episódios de mania envolvem humor exaltado ou irritado, excesso de atividades, pressão de fala, autoestima inflada e uma menor necessidade de sono, além da aceleração do pensamento.

Essa é a posição da ciência em relação à depressão atualmente.

“

O deprimido não precisa de conselhos,
ele precisa de abraços.

”

Helena

Depressão na visão espírita

A depressão na visão espírita, é conceituada como uma alteração do estado de humor, uma tristeza intensa, um abatimento profundo, com desinteresse pelas coisas. Tudo perde a graça, o mundo fica cinza, viver torna-se tarefa difícil, pesada, com ideias fixas e pessimistas.

Poderíamos considerá-la como uma emoção "estragada".

As emoções naturais devem ser passageiras, circularem normalmente, sem desequilibrar o ser. A tristeza, por exemplo, é uma emoção natural, que nos leva a entrar em contato conosco, à introspecção e à reflexão sobre nossas atitudes. Agora, uma vez estagnada, prolongada, acompanhada de sentimento de culpa, nos leva à depressão.

Podemos dividir a depressão em três formas, segundo o fator causal:

- Depressão Reativa ou Neurose Depressiva: esta depende de um fator externo desencadeante, geralmente perdas ou frustrações, tais como separação, perda de um familiar, etc.

- Depressão Secundária a Doenças Orgânicas: acidente vascular cerebral (AVC) — conhecido popularmente como "derrame", tumor cerebral, doenças da tireoide, etc.

- Depressão Endógena: por deficiência de neurotransmissores. Ex.: depressão do velho, depressão familiar e psicose maníaco-depressiva.

Estima-se que a depressão incida sobre cerca de 14% da população, ou seja, temos, no Brasil, cerca de 20 milhões de deprimidos.

Ela afeta todo o ser, acarretando uma série de desequilíbrios orgânicos, sobretudo, comprometendo a qualidade de vida, tornando a criatura infeliz e com queda do seu rendimento pessoal.

André Luiz cita nas suas obras que os estados da mente são projetados sobre o corpo, através dos bióforos, os quais são unidades de força psicossomáticas que se localizam nas mitocôndrias.

A mente transmite seus estados felizes ou infelizes a todas as células do nosso organismo, através dos bióforos. Ela funciona ora como um sol irradiando calor e luz, equilibrando e harmonizando todas as células do nosso organismo, ora como tempestades, gerando raios e faíscas destruidoras que desequilibram o ser.

Segundo Emmanuel, a depressão interfere na mitose (divisão) celular, contribuindo para o aparecimento do câncer e de outras doenças imunológicas, sobretudo a deficiência imunitária facilitando às infecções.

Na depressão, existe uma perda de energia vital no organismo, em um processo de desvitalização.

O indivíduo perde energia por dois mecanismos principais:

1º - Perde sintonia com a Fonte Divina de Energia Vital: o indivíduo, não se armando como deve, com sentimento de autoestima em baixa, afasta-se de si, da sua natureza divina, elo com a fonte inesgotável do Amor Divino. Além disso, o indivíduo, ao se fechar em seus problemas e suas mágoas, cria um ambiente vibracional negativo que dificulta o acesso à espiritualidade maior em seu benefício.

2º - Gasto Energético Improdutivo: o indivíduo, ao invés de utilizar o seu potencial energético para desenvolver potencialidades evolutivas, vivendo intensamente as experiências e os desafios que a vida lhe apresenta, desperdiça energia nos sentimentos de autocompaixão, tristeza e lamentações. Sofre e não evolui.

Causas principais:

A depressão está frequentemente associada a dois sentimentos básicos: tristeza e culpa degenerada em remorso.

Quando, por algum motivo, infringimos a lei natural, ao tomarmos consciência do erro cometido, temos dois caminhos a seguir:

1º - Erro. Consciência. Arrependimento. Tristeza. Reparação.

2º - Erro. Consciência. Culpa-remorso (Ideia fixa). Depressão.

O primeiro caminho é meio natural de nosso aperfeiçoamento. Uma vez, tomando consciência de nossas imperfeições e erros cometidos, empreendemos o processo de regeneração por meio de lições reparadoras.

De outra maneira, se ao invés de nos motivarmos a nos recuperar, nós nos abatermos, com sentimento de desvalia, de autopunição, e permanecermos atrelados ao passado de erros, com ideias fixas e auto-obsessivas, nós estaremos caminhando para o estado de depressão, improdutivo no sentido de nossa evolução.

Outra condição que nos leva à depressão é citada pelo espírito de François de Genève, no, *O Evangelho segundo o Espiritismo*, cap. V, item 5 – *A Melancolia*, no qual relata que uma das causas da tristeza que se apodera de nossos corações fazendo com que achemos a vida amarga é quando o espírito aspira a liberdade e a felicidade da vida espiritual, mas, vendo-se preso ao corpo, se frustra, cai no desencorajamento e transmite para o corpo apatia e abatimento, se sentindo infeliz.

Para Genève, então, a causa inicial é esta ânsia frustrada de felicidade, liberdade almejada pelo espírito encarnado, acrescido das atribulações da vida com suas dificuldades de relacionamento interpessoal, intensificada pelas influências negativas de espíritos encarnados e desencarnados.

Outro fator que está determinando esta incidência alarmante de depressão nos nossos dias é o isolamento, a insegurança e o medo que estão acometendo as pessoas na sociedade contemporânea.

Absorvido pelos valores imperantes como o consumismo, a busca do prazer imediato, a competitividade, a necessidade de não perder, de ser o melhor, e de não falhar, o homem está se afastando de si e de sua natureza. Adota, então, uma máscara (persona), que utiliza para representar um "papel" na sociedade.

E, nesta vivência neurotizante, ele deixa de desenvolver suas potencialidades, não se abre nem expõe suas emoções, pois estas demonstram o que de fato ele é. Enclausurado, fechado nesta carapaça de orgulho e de egoísmo, ele se isola e se sente sozinho. Solidão, não no sentido de estar só, mas de se sentir só.

Mais do que se sentir, só é a insatisfação da pessoa com a vida e consigo mesma. O indivíduo nessa situação precisa se cercar de pessoas e de coisas para ficar bem, por desconhecer que ele se basta pelo potencial divino que tem.

A solidão é consequência de sua insegurança, de sua imaturidade psicológica.

Nos primeiros anos de vida, a criança, enquanto frágil e insegura, é natural ter necessidade de que as pessoas vivam em função delas, dando-lhes atenção e proteção.

É a fase do egocentrismo, predominantemente receptiva. Com o seu amadurecimento, começa a criar uma boa imagem de si, tornando-se mais segura, e, a partir de então, passa a se doar, a se envolver e a participar mais do mundo.

O que acontece é que certas pessoas, por algum motivo, têm dificuldades neste processo de amadurecimento afetivo, mantendo-se essencialmente receptivas e não participativas, exigindo carinho, respeito e atenção, sem se preocuparem da mesma forma com os outros. Fazem-se de vítimas, "pobres coitados", sem as responsabilizarem por si.

Conseguem o seu equilíbrio às custas das conquistas exteriores. A primeira frustração a que se deparam, não toleram, ao expor suas fraquezas, e isto motiva um quadro de depressão.

Em alguns idiomas, "doença" e "vazio" têm a mesma tradução. A doença seria decorrente de um vazio de sentimentos que gera depressão e adoece o ser.

Um indivíduo, quando perde a capacidade de se amar e quando a autoestima está debilitada, tem dificuldade de amar o semelhante, pois o sentimento de amor, de generosidade para com o próximo, é um sentir de dentro para fora.

Este sentimento de amor ao próximo nada mais é do que uma extensão do nosso amor, da nossa sintonia com o Deus interior que temos em nós.

A pessoa que tem dificuldade nesta composição de amar a si e, por consequência, amar o próximo, deixa de receber o amor e a simpatia do outro, e não consegue entrar em sintonia com a fonte sublime inesgotável do Amor Divino.

Limitamos aquilo que recebemos de Deus, na medida do quanto doamos ao próximo. Quem ama muito, muito recebe. Quem pouco ama, pouco recebe. Esse afastamento de si e, por conseguinte, de Deus gera a tristeza, o vazio, a depressão e a doença.

Tratamento:

A depressão é um sintoma que nos diz que não estamos nos amando como deveríamos. O caminho para sairmos dela é preencher este vazio com a recuperação da autoestima e do amor em todos os sentidos.

Primeiro, procurando nos conhecer e nos analisar, com o intuito de nos descobrirmos, sem nos julgarmos, sem nos punirmos ou nos culparmos. E, depois, nos aceitarmos como somos, com todas as nossas limitações, mas sabendo que temos toda potencialidade divina em nós esperando para desabrochar como sementes de luz. Isto nada mais é do que desenvolver a fé em si e no Criador, sentimento este que transforma e que nos liga diretamente a Deus.

Uma pessoa consciente de sua riqueza interior passa a ter segurança e fé nas suas potencialidades infinitas, começando a gostar e acreditar em si, amando-se e, a partir de então, sentindo necessidade de expandir este sentimento a tudo e a todos.

Começa assim a se despertar para os verdadeiros valores da vida espiritual, se transformando em uma pessoa feliz e sorridente, pois onde existe seriedade, há algo de errado; a seriedade está ligada ao ser doente. Sorria e seja feliz, amando e servindo sempre.

A terapia contra a depressão se baseia no amar e no servir, se envolvendo em trabalhos úteis e no serviço do bem. Seja no trabalho profissional, no trabalho do lazer ou no trabalho de servir ao próximo, o indivíduo se ocupa, exercita o amor e deixa de se envolver com as lamentações, pois a infelicidade faz seu ninho no escuro dos sentimentos de cada um.

Dificilmente conheceremos um deprimido entre aqueles que trabalham a serviço do bem.

Para doarmos este amor, não basta somente fazermos obras de caridade, temos que nos tornar caridosos; antes de fazermos o bem, temos que ser bons.

Darmos um pão, um agasalho..., mas, junto de tudo isso, também colocamos uma boa dose de afeto e de carinho. Ser, acima de tudo, generosos, sendo a caridade com afeto. As pessoas estão com fome de amor, de calor humano, um ombro amigo, um abraço, um aconchego e uma palavra de carinho.

Às vezes, com um simples sorriso, um bom dia, um olhar afetuoso, nós estamos doando energia e transmitindo vida.

O homem alcançou um enorme progresso intelectual, satisfazendo suas necessidades materiais com os avanços tecnológicos. Porém, ainda se depara com enormes dificuldades na convivência fraterna com o seu semelhante.

Estamos cada vez mais próximos uns dos outros através dos meios de comunicação, no entanto, mais afastados emocionalmente. Agora, o homem está sentindo a necessidade premente de desenvolver a afetividade, de se envolver, de amar e sentir o seu semelhante.

Temos que ressuscitar e liberar a criança esquecida em nós. Para resgatarmos esta criança adormecida em nós, é necessário que vejamos o mundo de forma positiva e otimista.

A nossa criança interior geralmente se encontra retraída e oprimida, porque a vida nos apresenta de forma desagradável; ainda não vivemos de forma natural, espontânea, e isto gera ansiedade e sofrimento. Como a criança é movida pelo prazer, ela se recolhe e não se manifesta.

A criança não se julga, não se pune. Ela apenas vive o hoje, o agora, integrada perfeitamente a Deus e à natureza. *"Deixai vir a mim as criancinhas porque o reino dos céus é de quem vos assemelha."* — com essas palavras quis Jesus dizer que teremos que ser puros, autênticos, integrados com a nossa natureza divina, sem fugas ou máscaras, para alcançarmos a nossa evolução espiritual.

Ter atitudes simples, como lidar com animais, brincar com crianças, atividades criativas como a pintura, tocar um instrumento, fazer pequenas tarefas domésticas, cozinhar, manter uma conversa amena, contar um caso, ver um bom filme, escutar uma música, cantar, sorrir, ouvir com atenção, olhar com ternura, tocar as pessoas, abraçar, fazer um elogio sincero, curtir a natureza, admirar o pôr do sol, etc. Estas são tarefas que muito lhe ajudarão a reencontrar o equilíbrio e a harmonia interior.

Manter sempre o bom humor.

Aquele que tem no ideal de servir uma meta de vida, será sempre uma pessoa feliz. Na vida, o que mais importa é o amor e o bem-querer das pessoas, viver suas emoções, não se deixar afetar por coisas pequenas. Muitas vezes, nos deixamos abater por problemas que, se olharmos com olhos de Espíritos Eternos em passagem pela Terra, não valorizaríamos.

Substituir sentimentos de autopiedade por vibrações em favor dos que sofrem. Se olharmos com atenção e interesse ao nosso redor, veremos que existem pessoas com problemas muito piores do que o nosso a pedir socorro.

Procurar praticar atividades físicas regulares, como a caminhada, um esporte, um lazer. A mente parada começa a criar pensamentos negativos, que se assemelham a lixos amontoados em casa. Com essas atividades, você estará desviando sua mente desses pensamentos deletérios.

Tornar-se empreendedor, dinâmico, criando ideias novas e construtivas em benefício do semelhante, com motivação para implementá-las junto ao grupo ou à comunidade que pertence. Não fique estagnado esperando que as coisas aconteçam em seu favor.

Aja em favor do próximo e não se surpreenda se você for o mais beneficiado.

Leituras edificantes, uma conversa com um amigo, um terapeuta ou um orientador espiritual, ajudará você a ver o problema por outro ângulo.

A oração é um recurso indispensável no processo de recuperação. Através dela, estabelecemos sintonia com a Espiritualidade Maior, facilitando o caminho para que nos inspirem e revigorem nossas energias.

"Não nascemos para sofrer."

A vontade de Deus é a nossa alegria e a nossa felicidade. Se sofremos, é por nossa causa. Os nossos problemas e as nossas dificuldades devem ser interpretados como instrumentos para a nossa evolução. Nunca devemos nos deprimir ou nos revoltar contra eles. O melhor aprendizado é aquele que tiramos de nossa própria vida.

O vocábulo "crise" em algumas línguas pode ter dois significados: oportunidade ou perigo. Oportunidade de crescimento ou perigo de queda.

O que importa é saber que os problemas aos quais nos deparamos na vida só surgem quando já temos condições de solucioná-los. Como disse o Mestre Jesus: *"O Pai não coloca fardos pesados em ombros fracos."*. Desse modo, ficamos mais fortes ao saber que temos todas as condições interiores para enfrentar as dificuldades que a vida nos apresenta.

Ter consciência de que, acima de tudo, existe um Deus maior a zelar por nós, e que nunca nos abandona. Confiar em Jesus e seguir seu exemplo de vida: *"Eu sou o Bom Pastor; tende bom ânimo; não se turbe o vosso coração; vinde a mim vós que andais fatigados, cansados e oprimidos, e Eu vos aliviarei."*.

Suicídio:

Uma das causas do suicídio é o indivíduo se achar impotente e fraco para enfrentar suas dificuldades. Ele se julga inferior, incapaz, vítima da sociedade, desprezando, assim, a força que tem. Aí, os problemas passam a ter uma dimensão muito maior, e ele se vê impossibilitado para resolvê-los.

Segundo essa linha de raciocínio, não existe pessoa "fraca" a ponto de não suportar um problema que ela julga, de certa forma, demasiado para si.

O que de fato ocorre é que essa criatura não teve força de mobilizar a sua vontade própria para enfrentar aquele desafio. Preferiu fugir, acreditando que poderia se libertar daquela situação. Só que não irá conseguir, pois a morte é apenas uma mudança de estado, ou seja, a pessoa continua sendo a mesma, com os mesmos sentimentos e os mesmos problemas.

O mais grave é que o suicida acarreta danos ao seu perispírito.

Quando voltar a reencarnar, além de enfrentar os velhos problemas ainda não solucionados, terá acrescido a necessidade de reajustar a sua lesão perispiritual.

Devemos ter a vontade firme de eliminar o mal invasivo da depressão, e vários caminhos podem ser percorridos: tratamento medicamentoso (às vezes, necessário); trabalho espiritual, incluindo a desobsessão; água fluidificada; passes magnéticos; trabalho beneficente; mudança de atitude; etc.

Após iniciado o processo de recuperação, é necessário que nos tornemos vigilantes, ao ser muito comum a melhora cíclica, com altos e baixos: *"Vigiai e orai"*. É importante aproveitar os períodos de melhora para empreender trabalhos edificantes no bem, consolidando as conquistas efetuadas.

Uma coisa fundamental que devemos ter consciência é de que nada nem ninguém consegue nos fazer infelizes se não quisermos. O centro de gravidade do nosso equilíbrio psicoemocional tem que estar localizado em nós, e não nas coisas exteriores.

Não se deve condicionar a sua felicidade a algo que aconteça ou esperar que alguém o faça feliz. Estando com o seu centro de equilíbrio estável, se amando e se aceitando como é, você passa a viver o agora e a aceitar as pessoas e as circunstâncias como elas são. Além disso, passamos a ver as qualidades do outro e não os seus defeitos, pois, geralmente, vemos o outro como um reflexo do nosso estado íntimo.

Não aceite o convite para sofrer, que venha de outra pessoa ou de você para você mesmo. Proteja-se! Emita pensamentos bons. Nada pode abalar aquele que alcançou o amor, a paz, a harmonia interior e, sobretudo, a fé em Deus.

“

A vida não começa no berço e nem adormece no túmulo.

”

Leocádio José Correia

A obsessão e a depressão

O desdobramento é a forma pela qual entro em contato com os meus mentores. Foi através do desdobramento que escrevi todos os livros que vocês receberam até os dias atuais.

O fato de ficar desdobrado por muitas horas me custa muito caro, por ser cansativo e exigir muito de mim. Por esse motivo, quase sempre escrevo por etapas. Cada capítulo é feito com a duração de seis a oito horas, o qual é o tempo máximo que suporto.

Assim, logo após ter feito toda a pesquisa solicitada pela Nina, fui procurado pelo Lucas — um dos mentores que escrevem comigo. Eu havia acabado de retornar de casa para o escritório, após um bom café da tarde.

Ao entrar, percebi a chegada dele, o que me deixou muito feliz.

— Oi, Osmar!

— Oi, Lucas! Como tens passado?

— Estou bem, e você?

— Aqui... escrevendo.

— A Nina me pediu para te procurar para repassar algumas instruções.

— Sobre a depressão?

— Sim. Ela me disse que pediu a você para fazer um estudo sobre os aspectos da depressão pela visão médica e espiritual.

— Já fiz. Algum problema? Não ficou bom?

— Não tive acesso ao que você fez, mas ela me pediu para te mostrar e falar um pouco sobre a depressão através da obsessão. Você escreveu algo sobre isso?

— Não. Na pesquisa que fiz, não há nada sobre os processos obsessivos.

— É sobre isso que quero te falar.

— Sabia…

— Sabia, o quê?

— Sua presença sempre tem algum motivo.

— Perdoe-me se incomodo.

— Não é isso, Lucas. É que você é especialista em Umbral, obsessão, possessão… essas coisas.

— Ah, sim.

— Meu amigo, sou seu lápis. A hora que você quiser começar, estou pronto.

— Vou precisar que você vá comigo ao Umbral, pode ser?

— Claro!

— Primeiro, anote isso.

— Vamos lá.

— Um dos maiores problemas da atualidade, posso assegurar, é a depressão. Estado pelo qual o espírito encarnado perde o interesse e a vontade pelas coisas da vida, provocando, assim, vários desajustes emocionais que refletem na vida do encarnado. Em alguns casos, o depressivo não sabe dizer quais são os reais motivos de seu desinteresse pela vida e pelas pessoas de seu convívio, e muito menos, de como sair desse sofrimento de que, quase todos que o têm, querem se livrar. São nesses casos que os médicos e profissionais da área não conseguem chegar ao que desencadeou tal processo.

O professor Hippolyte Léon Denizard Rivail, mais conhecido como Allan Kardec, assegura que a obsessão, em alguns casos, é o domínio que alguns espíritos adquirem sobre certas pessoas. É praticado por espíritos inferiores que procuram dominar o obsediado; é a ação persistente que um espírito exerce sobre um indivíduo, e que pode apresentar características muito diversas, desde a simples influência moral, sem maiores sinais exteriores, até a perturbação completa do organismo e das faculdades mentais da vítima.

— Que interessante, Lucas.

— Podemos dizer que ambos os processos, Osmar, têm seu gatilho gerado no afastamento do espírito encarnado de seu Criador e de suas Leis e do compromisso assumido em seu projeto pessoal encarnatório, facilitando demasiadamente a aproximação desses malfazejos.

Na maioria das depressões causadas por obsessores, temos como base o passado espiritual da vítima, no qual os ajustes não aconteceram, possibilitando a perseguição na encarnação atual do depressivo.

Aquilo que se faz a alguém não se apaga pelo fato de estar encarnado ou desencarnado. O ódio não termina com a morte, pelo contrário, ele pode se potencializar quando o espírito desencarnado percebe que não morreu, e que o caminho da vingança está aberto.

Outro fator muito comum é a atração espiritual. Isso acontece, quando o fenômeno da obsessão se torna a causa primária que determina a aproximação de espíritos decaídos.

O espírito encarnado e em depressão, em muitos casos, acaba por criar conexão através da faixa mental em que se encontra, estabelecendo, assim, afinidades íntimas com espíritos que, na maioria das vezes, são mais sofredores do que maus.

Uma vez sintonizado com essas entidades desencarnadas, o doente passa a viver em estado de simbiose com esses espíritos, que descarregam toda sua faixa vibracional ruim em seu corpo mental, o impondo assim, um estado de escravidão mental.

Muitas das vezes, isso reduz as forças capazes de se verem livres de forma saudável de tais perturbações, o que acaba levando o paciente ao isolamento ou até mesmo recorrendo ao suicídio, em que a mente doente acha que matando o corpo se verá livre da dor que dilacera o coração angustiado e sofredor.

Isso demonstra claramente o poder de controle dessas entidades sobre a mente humana, que, até mesmo estudiosos espíritas, com vasto conhecimento doutrinário, recorrem ao ato de matar o corpo, alegando que com eles será diferente.

— Como são importantes os teus ensinamentos, Lucas.

— Posso prosseguir?

— Desculpe.

— Não peça desculpas.

— Perdoe-me.

— Deixa eu continuar. Como apoio ao tratamento da depressão, aliando-se ao atendimento por profissionais especialistas na área psicológica, vemos a importância na mudança da faixa mental que se encontra o indivíduo, quando acometido por tal; como também a busca pelo conhecimento e pela reflexão das leis divinas, principalmente das leis de justiça, amor e caridade, como sendo diretrizes de vida. É nesse momento que o tratamento espiritual em uma casa espírita séria faz a diferença.

— O que mais temos hoje em nosso hospital espiritual, Lucas, são pacientes com depressão.

— Todos precisam entender que os problemas do caminho não são supostas punições que Deus vos manda, mas sim oportunidades de evolução pessoal, e isso diz respeito a tudo o que lhes acontece, seja algo de bom ou de ruim. Deveis encarar as experiências, como aprendizes do Cristo na escola da vida, vivendo segundo as leis de Deus, buscando a fé consciencial e raciocinada.

Não basta só conhecer as leis, mas sim, buscá-las, refleti-las e compreendê-las em vossa consciência, pois como vos foi revelado na questão 621, d'*O Livro dos Espíritos*, quando perguntado: *"Onde está escrita a lei de Deus?"*, e os benfeitores respondem: *"Na consciência."*. Lembra-se disso?

— Sim, claramente. Os ensinamentos dos espíritos de luz são perfeitos.

— Lembre-se de que Jesus sempre falava isso logo após os milagres, como maneira de estimular a fé naqueles que haviam sido curados. Jesus sempre apontava que era a fé do indivíduo a responsável pela sua salvação. Ele jamais ressaltava que havia sido Ele o responsável pela cura.

Isso quer dizer que de nada adianta você procurar uma casa espírita, como o único remédio para tratar sua depressão. É importante que, primeiro, você se reconheça como espírito eterno, o qual interage o tempo todo com outros espíritos, encarnados e desencarnados, e que, portanto, se algum espírito está te obsediando, é porque você está em total sintonia com ele.

Essa sintonia só é estabelecida, quando você não pratica a fé raciocinada; quando te entregas aos labores terrenos, que vos afasta do divino, que rege todas as coisas. Não é punição, é você quem fez... não culpe Deus pelos seus desvios e, muito menos, pelos seus fracassos.

Estamos, o tempo todo, apontando as direções em busca da fé racionalizada, que pode ser encarada frente a frente com todos os problemas com o crivo da razão. A fé racionalizada e consciencial é o que vos dá confiança para amar e confiar em Deus, o qual é causa primeira de todas as coisas, sabedoria infinita, soberanamente justo e bom.

Mesmo as coisas que aos vossos olhos estão totalmente erradas, aos olhos do Pai, estão sob Seu controle. Saibamos seguir a Jesus, sendo o caminho, a verdade e a vida; que possui o fardo leve e o jugo suave.

É também de suma importância o acompanhamento médico do paciente. Não fique achando que somente os tratamentos espirituais realizados nos centros espíritas vão resolver o problema… não vão.

As duas medicinas caminham muito bem, quando juntas… a espiritualidade está e sempre esteve disposta a ajudar. Vou te mostrar um caso de como podemos ser úteis àqueles que buscam o caminho da cura da depressão, através dos tratamentos espirituais. Você quer ir comigo?

— Meu Deus, claro que sim!

— Então, venha e anote tudo. Vamos ao Umbral, onde alguns irmãos já estão nos esperando.

— Vamos, Lucas.

Preparei-me rapidamente para mais um capítulo recheado de ensinamentos ao lado do Lucas.

Ansioso, o segui até o Umbral.

“

O que nos acontece é reflexo do que pensamos…

”

Osmar Barbosa

Posto de Socorro do Umbral

Após me desdobrar e seguir o Lucas, chegamos ao posto de socorro da colônia espiritual Amor e Caridade, que fica localizada no Umbral. Posto de socorro, este administrado pelo Dr. Gilberto, um velho amigo nosso.

A sua história está relatada no livro *O Médico de Deus*.

O Umbral é frio, chuvoso e denso. A região em que fica o Posto de socorro é um pouco menos densa. O prédio é pequeno, e sempre que chego naquele lugar, posso ver dezenas de espíritos que ficam vagando pela rua que dá acesso ao pequeno hospital sempre à procura de ajuda.

Ninguém sofre eternamente, e isso eu já aprendi com os meus mentores. Um dia, todos pedem socorro. Comparo o posto de socorro a uma UPA — dessas que temos aqui no plano físico ao serem bem-parecidas.

Ao chegar, fomos recebidos pelo próprio Gilberto.

— Amigo Lucas, como tens passado?

— Estou bem e vejo que o trabalho por aqui continua intenso.

— A cada dia que passa, mais irmãos vêm em busca de ajuda, e isso é muito positivo para o trabalho que estamos desempenhando em nome da nossa querida colônia.

— Fico feliz que tudo esteja dessa forma.

— Olá, amigo Osmar! Como tens passado? — disse ele, dirigindo-se a mim com carinho.

— Estou muito bem, Gilberto, e feliz de, mais uma vez, poder estar aqui para relatar sobre algo que certamente irá enriquecer a todos de conhecimento.

— Venham... o Hamilton está nos esperando.

Entramos pelo corredor principal, que dava acesso às enfermarias muito bem organizadas no núcleo de socorro.

Caminhamos até chegarmos à enfermaria de número 6, na qual estavam três pacientes deitados em macas que flutuavam.

Estavam todos desacordados. Tinham mais algumas macas, mas todas vazias.

— Entrem — disse Gilberto, segurando a porta de acesso para permitir a nossa entrada.

Ao entrarmos, nos aproximamos do leito 2.

— É ele?

— Sim, Lucas... este é o Hamilton.

— É sobre ele que iremos falar, Osmar — disse Lucas olhando para mim.

Me aproximei do paciente para ver mais detalhes.

Deitado naquele leito, estava um rapaz de uns 20 anos, aproximadamente. Pardo, de cabelos curtos, e com um ferimento profundo no peito.

Olhei atentamente para o ferimento, pelo qual era possível ver todos os órgãos de Hamilton.

— O que houve com ele, Gilberto?

— Foi ferido por uma lança.

— Aqui no Umbral?

— Não. Ele chegou aqui resgatado por Felipe — disse o médico.

— Vocês sabem o que realmente aconteceu com ele?

— Pelo estado em que se encontra, Hamilton reflete os danos que ele mesmo causou em si, após anos praticando a obsessão. Os obsessores são os mais prejudicados nos processos obsessivos. Devido à incapacidade e à ignorância do ato que praticam, eles compreendem dificilmente o mal que fazem a si próprios. O pior ainda são os danos visíveis ao corpo, que se desintegra sempre que algum mal é praticado, levando, muitas vezes, o obsessor a transformar-se em um ovoide.

— Já falamos sobre isso em outras psicografias, Osmar — disse Lucas.

— Sim, em algumas obras que psicografamos, nós relatamos vários casos.

Naquele momento, ouvimos um barulho na porta.

— Entre, Sheila — disse Gilberto.

A doce Sheila entrou na enfermaria.

— Como vai, Lucas?

— Estou bem, Sheila. E você?

— Muito trabalho, graças ao nosso querido, Daniel.

Daniel é o presidente da colônia espiritual Amor e Caridade e também é o diretor espiritual de todos os núcleos de socorro existentes sob a administração de Amor e Caridade.

— Doutor, está tudo pronto — disse Sheila para Gilberto.

— Tudo pronto?

— Sim.

— Venham, meus amigos — disse Gilberto, nos convidando a sair.

— Osmar, você já foi informado a respeito da missão?

— Que missão?

— Sobre o que iremos te mostrar, Osmar. O que infelizmente acontece com quem tem depressão, devido à obsessão.

— Sim. O Lucas me disse ser para isso que viemos aqui.

— Exatamente — afirmou Gilberto.

— Do que mais preciso saber?

— Você precisa saber de uma coisa que nós nunca te dissemos antes, Osmar.

— O quê, Gilberto?

— Venha comigo, por gentileza. Precisamos ir a um lugar onde poderemos te explicar melhor. Mantenha a calma diante de tudo o que vamos te mostrar, ok?

— Ok. Vamos… — disse, já me levantando também.

Calma? O que será que ele queria dizer com aquilo?

Levantamo-nos e saímos.

Deixamos o posto de socorro na direção inversa ao caminho que nos levou até lá. Eu nunca havia ido para aquele lado do Umbral, algo que me impressionou logo na partida.

— Perdoe-me, Lucas, mas para onde estamos indo?

— Confie em nós — disse o mentor caminhando aceleradamente ao meu lado.

Andamos até chegarmos a uma grande clareira, onde havia uma estação de trem — dessas que temos aqui e onde embarcamos em nossos metrôs.

Mas claridade no Umbral? Como assim?…

Foi quando, de repente, um enorme aerobus pousou para que pudéssemos embarcar.

Já tive algumas experiências com aerobus. Na verdade, são veículos muito parecidos com os vagões de metrô das nossas cidades. Eles são muito comuns nas cidades espirituais.

A diferença entre um aerobus e um vagão de metrô, desses que conhecemos, é que eles voam por trilhos imaginários nos céus, além de não fazerem barulho algum.

Emocionado, entrei e me sentei ao lado de Lucas, que, naquele momento, nada dizia.

Gilberto se sentou ao nosso lado.

Alguns espíritos nos faziam companhia naquele vagão.

A viagem foi rápida... e, meus amigos, tenho que ter forças para relatar o que vi naquele momento.

O aerobus parou em uma estação que, na verdade, parecia ser na rua em que está localizado fisicamente o Hospital Espiritual Amor e Caridade no plano terreno.

Assustei-me muito com aquela realidade mostrada à minha frente.

Como é possível um hospital espiritual igual ao que construímos no plano físico?

Meu Deus... seria coisa da minha cabeça?

Que visão era aquela?

O que será que eles queriam me mostrar?

O que era aquilo?

Desesperado, olhei para o Lucas.

Foi quando o mentor querido olhou para mim e disse:

— Tenha calma. Vamos te explicar tudo.

Descemos do veículo e adentramos no Hospital Espiritual Amor e Caridade, que era idêntico ao nosso, como já disse.

— Venha — disse Lucas à minha frente.

Subimos até o segundo andar, local onde temos as salas de atendimento. Lá, olhei para cada detalhe, cada parede, cada sala. Vi que estava no lugar onde trabalho todas as semanas com os meus companheiros dedicados.

Lágrimas desciam pela minha face, como uma criança que chora por algo que perdeu.

O meu peito parecia que ia explodir de emoção.

Lucas, percebendo o meu estado, me amparou e me conduziu até a câmara de refazimento perispiritual.

— Veja como tudo é feito, Osmar.

Eu via os fluidos descerem dos céus e entrarem em cada corpo, que estava deitado naquela sala de cor violeta, na qual todas as semanas dedicamos o nosso trabalho de refazimento perispiritual aos pacientes que nos procuram.

Era possível ver os espíritos amigos, ao lado dos médiuns que impunham suas mãos às costas dos pacientes, lhes transmitindo fluidos de refazimento espiritual.

As lágrimas se intensificavam em meus olhos.

— Venha, Osmar — disse Lucas, me levando até a câmara de passes.

A sala verde estava mais verde do que o de costume. Eram luzes e raios que saíam das mãos dos médiuns, que alinhavam os chacras dos pacientes que estavam sentados de frente para eles. Foi mais um momento de fortes emoções… ver os meus companheiros dedicados auxiliando os irmãos que sofriam.

Gilberto, então, se aproximou de mim e me convidou para irmos ao centro cirúrgico. E quanta emoção eu senti ao entrar e ver que o Dr. Franz, o Rodrigo, e mais alguns médicos, estavam ali cuidando carinhosamente de cada paciente deitado à sua frente.

Eu vi, com esses olhos que a terra há de comer, o momento em que os médicos fizeram cirurgias espirituais de refazimento de órgãos doentes, com a utilização de ectoplasma, que era retirado dos médiuns, que eram trazidos por enfermeiros que vinham do salão principal, com punhados de fluidos retirados dos irmãos Seguimos pelas ruas escuras do Umbral, até que chegamos a um vale sombrio.

O trajeto foi rápido.

A escuridão era total. Caminhamos por mais alguns minutos, até que chegamos a um lamaçal. Foi quando percebi a presença de dois assistentes que aguardavam por nós.

— Quem são esses rapazes, Lucas?

— São da nossa colônia. Fique tranquilo.

— Ok! — disse.

— Olha, Osmar.

Olhei para frente e vi alguns corpos caídos.

— Quem são esses irmãos?

— É aqui que vamos encontrar o Fernando.

— Por que ele está aqui?

— Você vai saber de tudo, tenha calma.

Caminhamos entre pequenos amontoados de terra, até que chegamos perto de um corpo caído.

— É ele, Osmar.

— Fernando?

— Sim.

Fernando estava deitado em meio ao lamaçal. Ao seu lado, não havia nada nem espírito algum.

Minutos depois, vi alguns espíritos se aproximarem dele, mas, logo em seguida, se distanciaram ao perceberem a presença de Lucas.

O mentor, então, se aproximou de Fernando para acordá-lo.

— Rapaz... acorde! Acorde, vamos...

Fernando se remexeu percebendo a presença de Lucas...

— Quem é você?

— Eu me chamo Lucas.

— O que você quer comigo? — perguntou Fernando, sentando-se com muita dificuldade e com o auxílio de Lucas.

— Quero te ajudar.

— Eu não pedi a ajuda de ninguém.

— Você não acha que já está na hora de deixar a Mônica em paz?

— Como você sabe o meu nome?

— Fui designado a te ajudar.

— Eu não pedi auxílio a ninguém.

— Meu irmão, olhe para si. Não vê que o mal que você está fazendo está recaindo sobre você mesmo?

— Não quero saber de ajuda.

— Olhe para o seu corpo.

— O que tem o meu corpo?

— Você está cada dia pior. O seu corpo espiritual está se desintegrando.

— Ela não pode viver — disse Fernando, se acalmando após olhar para o seu estado pútrido.

— Por que não?

— Ela prometeu ser minha.

— Mas você desencarnou... você não pode acompanhá-la nesta vida.

— Não importa.

— Fernando, não faça isso. Temos uma proposta de ajuda para você.

— Não sei quem é você nem o que realmente você quer comigo, mas te digo que ela me prometeu, seu amor, e não vou deixá-la em paz, enquanto ela não vier para cá... enquanto não viver comigo.

— Quem são aqueles espíritos que você deixou na casa dela?

— São meus aliados.

— Você tem aliados?

— Tenho um trato com eles.

— Que trato?

— Não interessa! Não tenho que dar satisfação a você nem a ninguém.

— Olhe para mim, Fernando.

O rapaz, de cabeça baixa, não olhava para o Lucas que, devido ao seu alto grau de adiantamento, irradiava uma forte claridade que iluminava todo o ambiente.

Os dois assistentes que haviam chegado ao local conosco estavam de pé à espera de alguma ordem do mentor espiritual.

— Deixe-me te dizer uma coisa, Lucas… Lucas, né? É esse o seu nome?

— Sim, meu nome é Lucas.

— Você sabe quantos espíritos iguais a você já vieram até aqui para tentar me convencer de que devo me afastar da Mônica?

— Acredito que, pela misericórdia divina, alguns irmãos.

— E você sabe o que eu disse a todos eles?

— Não. Não sei…

— Que não percam o tempo de vocês tentando fazer com que eu desista dela. Não desisto do amor da minha vida. Ela é minha e nunca será de mais ninguém.

— Fernando?

— Sim.

— Você já foi informado sobre a evolução dos espíritos?

— Estou cansado de saber disso.

— Então, por que você não vem conosco? Vamos para o posto de socorro… lá, além de cuidar do seu perispírito, vamos te oferecer uma oportunidade evolutiva em nossa colônia.

— Acho que você é surdo, Lucas... não é possível! Você não ouviu o que eu te falei? Não desisto do meu amor. Quantas vezes terei que repetir isso para você?

— Só quero te ajudar.

— Não quero ajuda.

— Está bem. Se esta é a sua decisão, nós temos que respeitar.

— Vá embora daqui! Me deixe em paz! — bravejou Fernando, muito irritado com a nossa presença.

— Está bem — disse Lucas se levantando, uma vez que estava abaixado, olhando fixamente nos olhos de Fernando.

— Venham, amigos... vamos embora.

Confesso que estranhei aquela decisão de Lucas.

Afastamo-nos de Fernando nos escondendo atrás de alguns arbustos secos, mas muito próximos daquele lamaçal.

— Vamos esperar aqui — ordenou Lucas.

Naquele momento, vimos que Fernando se levantou com certa dificuldade e caminhou em direção incerta.

Seguimos atrás dele, de maneira que ele não pudesse nos ver. Lucas, eu, e os dois espíritos iluminados íamos no encalço dele, sem que ele nos percebesse.

Após algum tempo, chegamos a um quarto escuro no qual uma jovem, aparentando ter uns 18 anos, estava deitada em uma cama de casal.

No ambiente em que ela estava, havia cerca de cinco espíritos, todos trevais. Seus corpos, em pedaços, me assustaram muito, pareciam zumbis velando a pobre menina.

Naquele instante, me aproximei de Lucas, na tentativa de lhe perguntar o que estava observando.

Percebendo a minha curiosidade, ele disse:

— Você já pode me perguntar o que quiser, Osmar... ele não pode nos ouvir, e também não consegue ver onde estamos agora.

— Ainda bem... — disse aliviado.

— Fique calmo, pois esses infelizes irmãos também não conseguem nos ver.

— Aquela é a Mônica?

— Sim. É a vítima de Fernando.

— Onde estamos?

— Na casa dela.

— Por que ela está nesse ambiente escuro?

— Ela está em depressão e sofre muito com as crises de ansiedade, tudo isso, devido aos ataques de Fernando e de seus comparsas.

— Mas por que ele fez isso?

— Ela estava noiva dele na encarnação passada. Acontece que ela reencarnou, e ele não. Infelizmente, ele teve acesso a ela, através do campo mental que ela insiste em alimentar, por meio de terapias e regressões que fez com um irmão não capacitado. Quando isso aconteceu, houve a aproximação, e, agora, a obsessão.

— Meu Deus!

— Mas te trouxemos até aqui, porque queremos te mostrar tudo o que foi feito por ela. Lembre-se de que você está desdobrado, e tudo o que te mostramos não está no passado, e sim no presente.

— Certo.

Ouvimos algumas batidas na porta do quarto.

— Mônica?

A jovem não respondeu.

— Mônica? — insistiu uma voz feminina à porta.

Após alguns minutos. Mônica finalmente respondeu.

— O que é, mãe?

— Está na hora de irmos.

— Não quero ir.

— Você vai sim. Seu pai já está te esperando no carro. Troque de roupa e venha. Não podemos desperdiçar essa ajuda.

— Mas eu não quero ir, mãe.

A mulher, então, adentrou o quarto e disse:

— Você vai de um jeito ou de outro. Nem que eu tenha que te arrancar desse maldito quarto.

Muito contrariada, a jovem se levantou e trocou de roupa.

Junto de seus pais, seguiram para o Hospital Espiritual Amor e Caridade.

Após uma hora de viagem, eles finalmente chegaram para o tratamento espiritual.

Fernando e seus comparsas espirituais acompanhavam a família.

Assim que chegou. Mônica foi levada para o atendimento fraterno. Ao perceber a gravidade do caso, o médium encaminhou a jovem imediatamente para a sala da desobsessão.

Do lado de fora, na rua do hospital, Fernando estava revoltado. O que ela estaria fazendo ali? Por que ele não conseguia entrar?

Na câmara de desobsessão, os trabalhos começavam. Foi quando, contra a sua vontade, Fernando foi levado ao ambiente do centro espírita.

Seus comparsas logo o abandonaram ao perceberem a presença de poderosos guardiões que capturavam vários obsessores que eram levados àquele lugar.

Uma verdadeira batalha era travada diariamente e em todos os atendimentos daquele iluminado lugar. Uma verdadeira guerra entre o bem e o mal se instalara no ambiente externo que dava acesso ao ambiente espiritual.

— Me larguem! — pedia Fernando sentado em uma cadeira ao lado de Mônica, enquanto ela era atendida pelo corpo mediúnico da casa.

Eu estava novamente na câmara de Deametria do Hospital Espiritual Amor e Caridade.

— Me deixem em paz! Eu não quero que vocês se intrometam na nossa vida... — insistia Fernando.

Foi quando Lucas se aproximou mais uma vez do rapaz.

— Eu sabia que era você.

— Não queremos te fazer mal, só queremos te ajudar, irmão.

— Já disse que não vou deixá-la em paz... ela é minha e de mais ninguém.

— O período de obsessão acabou, Fernando.

— Não quero ajuda. Eu não vou deixá-la.

— Você vai comigo para o posto de socorro — disse Lucas.

— Não vou.

Percebendo a gravidade do atendimento, os médiuns firmaram seus pensamentos invocando a ajuda de seus mentores espirituais, que logo se apressaram para socorrer Fernando e Mônica.

Agindo de forma hipnótica, Lucas levou Fernando a entrar em transe, perdendo, assim, sua consciência. Foi quando os dois auxiliares de Lucas, aproveitando o momento, colocaram o rapaz em uma maca e o levaram imediatamente até os cuidados de Gilberto, no Posto de socorro de Amor e Caridade, localizado no Umbral.

Mônica já se sentia bem melhor e tirava de si o peso que a atormentava desde menina. Após o trabalho de desobsessão, ela pôde voltar a sorrir, enquanto assistia a uma edificante palestra, que era realizada no salão principal.

Pude ver claramente o seu semblante modificado, parecia até outra pessoa. Corada, feliz e em perfeita sintonia com os mentores da nossa casa espiritual.

Felizes, seus pais agradeciam a todos do Hospital Espiritual Amor e Caridade ao perceberem a imediata melhora da filha.

— Graças a Deus, já consigo reconhecer a minha filha novamente — dizia a mãe de Mônica para o seu amado e dedicado esposo.

Voltei a conversar com o Lucas.

— O que vai acontecer com ele agora, Lucas?

— Com o Fernando?

— Sim.

— Ele será convencido de que é melhor deixar a Mônica seguir a encarnação dela.

— Como vocês conseguem convencer alguém que é tão determinado assim a mudar de ideia?

— Através da conscientização.

— Perdoe-me, Lucas, mas você acha que o caso do Fernando e da Mônica tem jeito?

— Vamos convencê-lo de que é melhor esperar pela próxima encarnação. Mostraremos a ele que a Mônica não deixou de amá-lo e que, se ele procurar se melhorar, poderá reencarnar ao lado dela e realizar o seu sonho.

Do jeito que está, ele só está criando uma distância ainda maior entre eles. Quando ouvir tudo isso, terei certeza de que ele optará por melhorar-se.

Às vezes, Osmar, o espírito só precisa de uma boa conversa e de alguns esclarecimentos para conscientizar-se de que a melhor coisa a ser feita é evoluir.

Fernando nunca teve a oportunidade de uma boa conversa. Devido à sua ignorância, acha que perderá o grande amor da sua vida se ela seguir sem ele.

Tenho certeza e alguma experiência com casos assim. Não é a primeira vez nem será a última que socorremos irmãos equivocados com tanto rancor e tanto ódio em seus corações.

Ao conscientizá-los, logo verificamos que o diálogo, a compreensão e o amor são os melhores remédios para casos como o de Fernando e Mônica.

É importante que todos saibam que Fernando, na verdade, é o paciente mais grave dessa relação. É ele quem está muito doente e quem mais precisa de ajuda. E, claro, de uma boa conversa quando estiver preparado para ser conscientizado do que é quem ele realmente é.

— De uma boa conversa, meu amigo, ninguém escapa, não é, Lucas?

— Sempre que você agir com paciência, com sabedoria e com amor, tudo o que te atormenta, cessa.

— É verdade.

— Ainda temos algo muito edificante para te mostrar.

— O quê?

— Lembra-se de Helena?

— Sim. Tenho que escrever a história dela.

— Vou te deixar agora.

— Obrigado por tudo, Lucas!

— Merecimento, Osmar... tudo é merecimento. Lembre-se sempre disso...

— Até breve, meu amigo!

— Te vejo em breve.

Nos despedimos.

Confesso a vocês que nunca poderia imaginar que o hospital que construímos com tanto amor seria tão importante assim...

Coisas de Deus...

“

Quando a dor do outro não te fere, o paciente é você.

”

Daniel

Helena

No dia seguinte e após a experiência edificante ao lado de Lucas, fui procurado pela Nina.

— Oi, Osmar!

— Oi, Nina!

— Você está bem? Podemos prosseguir?

— Estou ótimo e muito emocionado com tudo o que o Lucas me mostrou.

— E o que você viu ainda não é tudo.

— Tem mais em nosso trabalho?

— Muito mais. No momento certo, lhe revelaremos um pouco mais do trabalho de Amor e Caridade.

— Fico aqui pensando...

— Pensando em quê?

— Se tudo o que já escrevi nas mais de 60 psicografias publicadas é o que de fato acontece quando estamos desencarnados na vida espiritual... e agora você me diz que ainda existem coisas a serem reveladas... então percebo que ainda não sei nada do que podemos viver após a encarnação.

— Olha, meu amigo escritor... são tantas as possibilidades que 60 obras psicografadas não são nem o primeiro capítulo da grande obra de Deus.

— Imagino...

— A continuidade da vida após a encarnação pode até parecer uma utopia, mas confesso que até sou surpreendida diariamente com tantas oportunidades que temos de evolução.

— O mundo espiritual é realmente muito lindo.

— Lindo... não! Divino.

— Um dia, após a minha encarnação e também se for permitido, quero voltar e achar um bom médium para dar o meu relato sobre o que vi na vida espiritual. Quero dar meu relato a todos.

— Você se lembra da palavra mágica que o Lucas te ensinou?

— Merecimento, Osmar... foi isso o que ele me disse ao me despedir dele.

— Então, você já sabe o que tem que fazer.

— Sei. Não é fácil, mas conseguirei.

— *Tudo é possível quando determinas o que queres para ti.* O Universo escuta os teus desejos e, à medida que ganha merecimento, vai recebendo as graças da evolução.

— Obrigado, Nina!

— Vamos continuar com a psicografia?

— Vamos.

— Então, venha.

Em desdobramento e ao lado de Nina, chegamos a uma cidade com muitas casas e alguns prédios residenciais e comerciais.

Tive a impressão de ser uma cidade interiorana, pois não era muito grande.

As ruas estavam cheias, e parecia acontecer algum evento no local, no qual todos os moradores comemoravam algo.

Ao meu lado, a querida mentora Nina.

— Onde estamos. Nina?

— Estamos em uma cidade muito bonita, lugar onde Helena nasceu e foi criada.

— Vejo que parece haver alguma festividade.

— É aniversário da cidade e todos estão muito felizes.

Na minha época de escola, quando era aniversário da cidade em que eu morava, nós tínhamos vários eventos, e a escola na qual estudava sempre participava.

Íamos todos muito felizes para a praça central para brincarmos no parque que, geralmente, era montado nesse dia especial.

— Veja... — disse a mentora.

Naquele momento, parecia que eu estava em meu passado estudantil.

Chegamos a uma praça onde centenas de pessoas se divertiam. As crianças se entretinham em alguns brinquedos — desses que podemos ver atualmente em bairros de subúrbio.

Um *show* musical acontecia. As pessoas estavam muito alegres. Algumas dançavam abraçadas e, outras, simplesmente bailavam ao som da pequena banda musical que se apresentava.

— Venha, Osmar — disse Nina, me levando para um jardim, onde muitas pessoas estavam sentadas lanchando.

Era um piquenique muito lindo, no qual os sorrisos e a alegria eram o prato principal.

Havia uma família sentada lanchando, com duas adolescentes entre eles.

Nina e eu nos aproximamos e ficamos de pé ao lado das jovens, que cochichavam baixinho.

— Você viu que ele está aí?

— Fala baixo, Luana... meus pais não podem ouvir.

— Eles nem estão prestando atenção em nós, Helena.

A minha curiosidade não me deixou ficar calado e comentar.

— Aquela linda jovem é a Helena que encontrei na colônia, Nina?

— Sim.

— Quantos anos ela tem agora?

— Quatorze anos.

— Estamos no passado dela, né?

— Sim. É importante mostrarmos tudo, desde o começo.

— Sem problemas.

Voltei a prestar atenção no diálogo das jovens.

— Vi que ele está com o Carlinhos — disse Helena.

— Eles estão procurando por nós, você não acha?

— Deixa de ser boba, Luana. Ele sequer olha para mim.

— Deixa de ser boba, você. Tenho certeza de que ele gosta de você, e só está esperando o momento certo para te namorar.

— Eu nunca namorei ninguém, e não vai ser fácil me convencer a namorar o Henrique.

— Acho que o que você tem é medo de namorar.

— Não tenho, não...

— Tem sim.

— Luana, para, por favor.

— Vamos dar uma volta?

— Acho melhor ficarmos aqui.

— Deixa de ser boba... vamos nos divertir.

Após refletir um pouco, Helena decidiu passear na praça com a amiga querida.

— Mãe, vou dar uma volta pela festa.

— Pode ir, filha... divirta-se!

Helena e Luana se levantaram e saíram de perto de seus responsáveis e começaram a procurar por Henrique.

— Vamos até a quadra, ele deve estar lá — disse Luana.

As jovens, então, caminharam na direção do complexo esportivo da praça, onde dezenas de jovens praticavam alguns esportes.

Logo que chegaram, avistaram Henrique e um grupo de rapazes jogando futebol.

Elas, então, se sentaram na pequena arquibancada e ficaram ali assistindo aos adolescentes que se divertiam.

Henrique é moreno, de olhos claros, cabelos curtos e muito bonito. Ele percebeu a presença das meninas e, olhando para elas, sorriu.

Helena ficou feliz ao ver que o seu amado havia percebido a sua presença e ainda sorriu para ela.

— Viu? Ele sorriu para você.

— Eu vi.

— Tenho certeza de que ele também gosta de você.

— Isso é coisa da sua cabeça, Luana.

— Não é nada da minha cabeça, eu tenho certeza... ele gosta de você e, para ser bem sincera, vocês formam um lindo casal.

— Luana, eu nunca namorei ninguém... não sou como você.

— O que tenho eu?

— Você é mais atirada, já namorou vários rapazes. Eu não sou assim.

— Você é muito bobona, isso sim.

— Não é questão de ser bobona. É que eu não quero ficar por aí namorando um e outro. Quero namorar alguém de quem eu goste que faça parte do meu futuro.

— Você parece uma velha, Helena.

— Por quê?

— Você ouviu o que falou?

— O que disse de errado?

— Você já está falando em casamento. Garota, você só tem 14 anos. Tem que aproveitar a vida, namorar e ser feliz.

— Quem falou em casamento?

— Você.

— Eu?

— Sim. Com esse papo de namoro sério.

— Eu não disse isso, não.

— Mas foi isso o que entendi. A vida é tão bela. Somos jovens, bonitas e ainda estamos na escola. Não podemos pensar em compromisso sério. Temos muita coisa para fazer antes de nos casarmos. Eu mesma ainda quero me formar, ser alguém na vida, para depois pensar nisso.

— Acho que sou muito sonhadora, Luana.

— Eu também acho.

— Não sei por que sou assim…

— Espírito de velho.

— Espírito de velho? O que é isso?

— A minha mãe é quem diz isso.

— O que quer dizer "espírito de velho"?

— Segundo a minha mãe, alguns espíritos são muito velhos e têm hábitos de velho.

— Não entendi.

— Eu também não entendo muito bem o que isso quer dizer, mas é o que minha mãe diz da minha irmã, que é muito parecida com você.

— Como assim, Luana?

— Você é igual à minha irmã... não gosta de namorar, não gosta de sair de casa, dorme cedo, vive num mundo onde tudo está bem... o mundo pode estar acabando, mas vocês estão ali, calmas, serenas, como se nada estivesse acontecendo.

— Sou assim, nasci assim, e acho, sinceramente, minha amiga, que não vou mudar nunca.

— Você quer ver como sei o que você quer da sua vida?

— Como assim?

— Sei o que você quer da vida.

— Que absurdo, Luana! Você não sabe o que quero da vida.

— Quer apostar que eu sei?

— Diz, então... o que quero da vida?

— Posso dizer?

— Diga! Se você acertar, eu te dou um doce.

— Você quer terminar a escola; se possível, se formar para ser professora; casar com seu primeiro namorado; ter alguns filhos, e ser feliz. Acertei?

— Acho que você é, na verdade, uma bruxa.

Risos...

— Não é questão de ser bruxa... é que eu te conheço como ninguém.

— Eu não vejo problema em ser assim. Você sabe que o meu sonho é lecionar, ensinar às crianças...

— Eu também não vejo problema em você ser assim, só acho que você deveria aproveitar mais a vida. Você é bonita, jovem, cheia de sonhos e deixará tudo isso para trás por ter um espírito de velho.

— Sou assim... o que posso fazer?

— Crescer. Olha, o Henrique está vindo em nossa direção, e você já está ficando vermelha.

— Para, Luana... não me deixe mais nervosa do que já estou.

— Mantenha a calma. Não dê bandeira.

Henrique, então, se aproximou das jovens.

— Oi, meninas!

— Oi, Henrique! — disse Luana.

— Perdeu a língua, Helena?

— Desculpe, estava distraída.

— Como vocês estão?

— Estamos ótimas! — disse Luana.

— Estão gostando da festa?

— Sim, está bem legal — disse Luana.

— Está tudo bem, Helena? — perguntou o jovem rapaz.

— Sim.

— Você está calada. Eu disse alguma coisa errada?

— Gente, eu tenho que ir ali, rapidinho. Já volto! — disse Luana, que saiu correndo de perto do casal.

Helena ficou corada e nervosa por estar sozinha com Henrique, que percebeu que a jovem reagiu envergonhada ante à decisão de Luana.

— O que houve com a Luana?

— Não sei, Henrique, a Luana é assim mesmo. Parece que o mundo acabará, e ela tem que fazer tudo correndo.

— Você vai ao baile hoje à noite?

— Baile?... Hum... ãhn... não sei...

— Posso ser seu acompanhante?

— Você? Meu acompanhante?... No baile?

— Sim. Só pode entrar quem estiver com acompanhante. Você não sabia?

— Sim, sabia, mas ainda não sei se os meus pais vão deixar eu ir ao baile.

— Você ainda não falou com eles?

— A minha mãe sabe do baile, mas ainda não conversamos sobre a permissão para eu poder ir ou não.

— Olha, eu vou te esperar às oito horas na entrada do baile.

— E se eu não for?

— Acho que você vai.

— Ainda não sei se vou.

— Mesmo assim, eu vou estar te esperando. Agora, tenho que voltar para o futebol com os meus amigos. Te encontro hoje à noite.

— Está bem… — disse Helena, com o coração palpitante e as mãos frias de suor.

Poucos minutos depois, Luana voltou ao encontro de Helena que, reflexiva, pensava na proposta de Henrique para aquela noite.

— Cheguei, amiga!

— Você nos deixou sozinhos de propósito, não foi, Luana?

Risos…

— Eu sabia que você estava aprontando comigo.

— Eu só quero a sua felicidade, minha amiga. E já disse, vocês formam um lindo casal.

— Sei...

— O que vocês conversaram?

— Ele me chamou para ir ao baile com ele hoje à noite.

— E você aceitou, né?

— Claro que não.

— Você é uma velha mesmo, Helena. Como você joga fora assim a oportunidade de namorar o garoto mais bonito da escola?

— A beleza dele não me importa.

— Como assim? Beleza, não importa?

— Prefiro o que as pessoas têm por dentro.

— É impressionante!

— O que é impressionante, Luana?

— A velha que você é...

— Já te disse, eu sou assim.

— Olha, vamos conversar com a sua mãe sobre o baile.

— Agora?

— Sim, agora mesmo. Vem, vamos até a praça para falar com ela e com o seu pai.

— Acho que eles não vão deixar.

— Vem... — disse Luana, puxando a amiga pelo braço e correndo em direção à praça.

Olhei para a Nina e começamos a caminhar lentamente na direção de Helena e de seus familiares.

— Nina?

— Sim.

— Posso te perguntar uma coisa?

— Sim.

— Existe mesmo esse tal de “espírito de velho”?

— O que você acha?

— Olha, para ser bem sincero, eu conheço pessoas que realmente têm esse espírito.

— Espírito de velho?

— Sim.

— O que seria um “espírito de velho”, Osmar?

— São pessoas que não agem como a maioria das pessoas.

— E o que as difere das demais pessoas?

— São mais recatadas, quietas, tranquilas, reservadas, bondosas, amorosas, não valorizam muito as coisas materiais, são tolerantes, gentis, costumam não se casar, são dedicadas à família, aos sobrinhos, aos netos e por aí vai.

— E isso é ser diferente?

— Sim. Nos padrões da sociedade atual, elas são pessoas diferentes, sim.

— Então, vou te revelar uma coisa.

— Sou todo ouvidos.

— O que acontece, muitas vezes, é que alguns espíritos já viveram muitas encarnações, e eles guardam em seu perispírito impressões a respeito dos planos espirituais nos quais viveram por muito tempo. Essa tranquilidade, esse desapego, o hábito da solidão, a sabedoria para lidar com as dificuldades do plano no qual está encarnado... tudo isso demonstra claramente a superioridade espiritual do espírito em provas.

Cada encarnação é prova evolutiva e, como você sabe, é através das provas que vamos nos transformando. Lembre-se sempre de que o destino de todos os espíritos é a perfeição e, por vezes, espíritos melhorados ou "mais perfeitos" encarnam entre vocês por motivos que se eu fosse relatar aqui, teríamos que escrever mais um livro.

— Acumulamos as melhorias espirituais que refletem sempre em nossas experiências quando encarnados, é isso, Nina?

— Para resumir, sim.

— Então, podemos afirmar que esses irmãos que dizemos ser "espíritos de velho" são, na verdade, espíritos experientes que já viveram muitas vezes neste plano? E o que achamos ser novidade é, para eles, algo corriqueiro? É isso?

— Não devemos generalizar, mas, geralmente, é isso mesmo o que acontece quando você se depara com um espírito que age assim durante a sua encarnação.

— Cada caso é um caso, é isso?

— Sim. Como disse, há milhares de motivos que levam um espírito à encarnação, por isso não podemos generalizar.

— Entendi, perfeitamente, Nina.

Após uma pequena pausa reflexiva, e aproveitando o nosso momento particular enquanto caminhávamos lentamente na direção de Helena, eu decidi fazer mais uma pergunta para a nossa amada mentora.

— Nina?

— Oi!

— Posso te perguntar a respeito de algo que eu estava refletindo dia desses sobre o amor?

— Sim, pode.

— Perdoe-me se for indiscreto ou se a minha pergunta não for de grande sabedoria, mas, sempre que terminamos algum livro, eu aprendo muito. Na verdade, o momento em que mais aprendo na vida é quando estou ao lado de vocês escrevendo os livros.

— Pergunte, Osmar.

— Nina, o amor acaba?

— Depende muito… de que amor você está me perguntando?

— Existem amores diferentes? Para mim, amor é amor e ponto-final. Ou você ama, ou você não ama… acho que é isso o que entendo sobre o amor.

— O amor da maneira que você conhece como encarnado é um, mas o amor que você reencontra estando desencarnado é outro — disse a sábia mentora.

— Como assim, Nina?

— Vou te contar primeiro do amor que você conhece agora, nesse momento, como encarnado. Pode ser?

— Sim.

— O amor que você conhece, Osmar, este, sim, eu acredito que ele não acabe; acredito que o amor, da maneira como você conhece, ele morra. O "morrer" e o "acabar" são coisas muito distintas, Osmar.

— Sou todo ouvido, amada mentora.

— As pessoas que um dia você amou e as que você se separou enquanto encarnado, elas ainda fazem parte de você e continuam na sua memória. É um exercício seu lembrar delas ou não... não estamos falando aqui das que você ama ou amou e que estão desencarnadas, estas pertencem a outro tipo de amor, ao qual explico a seguir.

— Estou entendendo...

— O amor morre, Osmar. E o amor morre de algumas maneiras:

O amor morre quando ele é assassinado pelo abandono. A mentira, Osmar, também mata o amor. A traição pode assassinar o amor. A violência e a agressão são crimes contra o amor. Mas, a maioria dos amores que existem, da forma como você conhece, infelizmente, não morrem de repente. A maioria morre por falta de cuidado. Porém, as coisas que mais matam o amor, se eu fosse mensurar, seriam a falta de atenção, a falta de carinho, a falta de cuidado e a ausência de empatia... porque se o amor deixar de ser alimentado, ele morre.

Às vezes, o amor se transforma em um fantasma chamado saudade. O problema é que a saudade você sente; a saudade até te apavora; a saudade é assim como um fantasma; é algo do qual você não consegue pegar de novo e retroceder, mas você sabe que existe. O verdadeiro amor está encoberto pelo véu da encarnação, porque esse amor, da maneira que vocês conhecem e praticam quando estão encarnados, exige retorno, virilidade, paixão e entrega. Mas o verdadeiro amor é o que liberta, o que deixa ir e o que fica torcendo para dar tudo certo, não se importando se as almas estão juntas ou separadas.

O verdadeiro amor é algo do qual você nunca iria compreender, nem se eu usasse todos os exemplos que você conhece. Você poderia amar e deixar ir?

— Acho que não, Nina.

Por isso, asseguro que vocês ainda não conhecem o amor.

— O apóstolo Paulo nos ensina o que é o amor, Nina.

— Paulo revelou o amor. O amor espiritual sentido pelos espíritos livres e esclarecidos. A evolução passa pelo amor.

— Por isso, asseguro que vocês ainda não conhecem o amor.

— O apóstolo Paulo nos ensina o que é o amor, Nina.

— Paulo revelou o amor. O amor espiritual sentido pelos espíritos livres e esclarecidos. A evolução passa pelo amor.

Diga-me o que Paulo escreveu...

— Na Carta aos Coríntios?

— Sim.

— Ele escreveu assim...

"Ainda que eu fale as línguas dos homens e dos anjos, se não tiver amor, serei como o sino que ressoa ou como o prato que retine.

Ainda que eu tenha o dom de profecia e saiba todos os mistérios e todo o conhecimento, e tenha uma fé capaz de mover montanhas, mas não tiver amor, nada serei.

Ainda que eu dê aos pobres tudo o que possuo e entregue o meu corpo para ser queimado, mas não tiver amor, nada disso me valerá.

O amor é paciente, o amor é bondoso. Não inveja, não se vangloria, não se orgulha.

Não maltrata, não procura seus interesses, não se ira facilmente, não guarda rancor.

O amor não se alegra com a injustiça, mas se alegra com a verdade.

Tudo sofre, tudo crê, tudo espera, tudo suporta.

O amor nunca perece; mas as profecias desaparecerão, as línguas cessarão, o conhecimento passará.

Pois em parte conhecemos e em parte profetizamos; quando, porém, vier o que é perfeito, o que é imperfeito desaparecerá.

Quando eu era menino, falava como menino, pensava como menino e raciocinava como menino. Quando me tornei homem, deixei para trás as coisas de menino.

Agora, pois, vemos apenas um reflexo obscuro, como em espelho; mas, veremos face a face. Agora conheço em parte; então, conhecerei plenamente, da mesma forma como sou plenamente conhecido.

Assim, permanecem agora estes três: a fé, a esperança e o amor. O maior deles, porém, é o amor."

— O que você acha desse jeito de amar, Osmar?

— Perfeito.

— É um jeito de amar diferente do seu?

— Muito.

— Pois esse é o jeito de amar dos espíritos.

— Um dia, espero chegar lá.

— Você já está no caminho, basta não se desvirtuar.

— Você pode me ajudar para que eu não me desvirtue, Nina?

— Já estou te ajudando.

— Como?

— Com os livros... leia os livros.

— Entendi.

— Mas quando é que o amor acaba?

— O amor acaba quando a traição se torna vício. Quando se valoriza coisas que não pertencem ao amor. O amor acaba, Osmar, quando se valoriza mais o *status* e a posição social. Quando o Ego se sobrepõe ao carinho, e quando a soberba se instala em uma relação. Quando quem deveria compreender e aceitar, se esquiva da cumplicidade que o amor exige.

— Gratidão por tudo, Nina.

— Não agradeça, escreva.

— Obrigado!

Continuamos o restante da caminhada em silêncio, até que chegamos próximos à família de Helena, que estava ali sentada e se divertindo.

A jovem estava feliz, porém, preocupada, pensando se realmente seus pais a deixariam se encontrar com Henrique naquela noite, no grande baile da cidade.

Luana, ao lado da amiga, nada dizia, porém, percebia o nervosismo de Helena ao lidar com aquela situação.

Ficamos ali por mais alguns minutos, até que Nina me convidou para voltarmos à Colônia Espiritual Amor e Caridade.

— Venha, Osmar, precisamos ir.

— Para onde vamos, Nina?

— Vamos até a colônia.

Assim, retornamos à pátria espiritual.

“

O amor é o único sentimento que levamos para a vida eterna.

”

Nina Brestonini

Marques

Logo que chegamos à colônia, Marques estava nos esperando sentado em um banco, em frente ao prédio principal no qual funciona toda a administração de Amor e Caridade.

Ao nos aproximarmos, Nina me disse:

— Veja quem já está te esperando...

— É o Marques? — perguntei, olhando de longe.

— Ele mesmo.

— O que será que ele quer comigo?

— Você vai ficar um pouco ao lado dele, pois tenho que cuidar de algumas coisas agora, e pedi ao Marques para nos ajudar nesta psicografia.

— Que bom! Tenho saudade de conversar com o Marques. Gosto muito do jeito dele de ser.

— E o que mais você gosta nele?

— Na verdade, o Marques é muito parecido comigo.

— Não me diga que você tem as mesmas manias que ele tem?

— Nós não temos nada de mais, apenas somos exigentes com o nosso trabalho.

— Mas, aqui na colônia, ele tem fama de ser muito certinho com as coisas dele.

— Eu também sou assim.

— Detalhista?

— Sim. Gosto das minhas coisas arrumadinhas, organizadas, e não gosto que mexam nas minhas coisas. Não é nada sentimental, mas é algo do qual não sei explicar.

— No plano de vocês, dizem que isso é uma doença.

— Verdade.

— Como chamam as pessoas que são como você?

— São pessoas que têm TOC.

— O que é TOC, Osmar?

— Transtorno obsessivo-compulsivo.

— O que faz quem tem TOC?

— O mais comum, Nina, é a mania de limpeza e de organização.

— Você é assim?

— Com muita coisa.

— Você vive mal por ser assim?

— Não. Só que, às vezes, é chato ser assim, porque algumas pessoas te discriminam.

— Não vejo problema nenhum no Marques, mas posso te assegurar que ele também é assim. É extremamente organizado, zeloso, repete várias vezes o mesmo, mas tem uma virtude que admiro muito nele.

— Qual, Nina?

— A lealdade.

— Eu também sou assim.

— Eu sei.

— Você sabe da minha lealdade?

— Esta é uma virtude de poucos, Osmar, e nós admiramos muito você por ser assim.

— Obrigado, Nina! O TOC é uma doença espiritual, Nina?

— Não da forma como vocês imaginam.

— Como assim?

— Olha, Osmar, existem duas maneiras de você analisar o TOC, o DDA, o TDAH, entre outras síndromes. A primeira é que são formas muito usadas por obsessores para começarem um processo obsessivo, a fim de atingirem seus objetivos.

A segunda é que essas síndromes podem ser tratadas como uma doença, como todas as outras, e devem ser tratadas com médicos e com medicamentos para seu controle.

Se você for analisar uma pessoa que esteja sofrendo de um grave processo de obsessão, poderá ver que as síndromes citadas fazem parte da rotina de vida de um obsediado.

— Pior que é verdade, Nina, todos os pacientes que atendemos em nosso hospital sofrem com diversas síndromes quando estão obsediados.

— Isso se dá, porque as síndromes já foram instaladas antes pelos obsessores. É o caminho que eles usam para atingir seus objetivos maléficos.

— E como tratar, Nina?

— Se for espiritual, em um centro espírita. Se for uma doença física, através da ajuda de médicos e especialistas.

Estávamos nos aproximando de Marques, quando fiz uma última pergunta para a nossa mentora.

— Nina, sabe o que me assusta?

— Você ainda se assusta conosco?

— Não. Não é propriamente com vocês.

— O que te assusta, então?

— É que a cada livro, a cada linha, a cada capítulo ou página, você sempre nos passa ensinamentos.

— É isso o que tenho que fazer.

— Mas por que ainda faz, se muitas pessoas passam por esses ensinamentos e fingem não ler?

— Jesus desistiu de você?

Calei-me, com os olhos marejados...

Após uma pausa, chegamos perto de Marques.

Ao perceber a nossa aproximação, ele nos olhou sorrindo.

— Sejam bem-vindos à Amor e Caridade! — saudou-nos o nobre mentor, que se postou abrindo os braços para nos acolher.

Nina se jogou nos braços de Marques que, carinhosamente, a acolheu em seu peito fraterno.

— Amigo Osmar… quanto tempo.

— É verdade, Marques, já faz um bom tempo que não nos encontramos.

— Mas hoje teremos uma edificante oportunidade.

— Espero ser útil a todos vocês — disse.

Nina olhava para nós com carinho.

Era fim de tarde na colônia, e os raios de sol se escondiam no horizonte.

O céu alaranjado me emocionava.

— Como é lindo este lugar! — exclamei olhando para o pôr do sol.

— Tudo é muito lindo nos reinos de Deus, meu amigo escritor — disse Marques sorrindo.

Viramos nossos corpos para nos deliciarmos com os últimos raios de sol daquele dia.

Calados e perfilados, nós nos despedíamos de mais um dia.

Após essa pequena pausa, voltamos a conversar.

— Aqui está ele, Marques.

— Pode deixar comigo, Nina. Agora, vou levá-lo ao encontro de Daniel.

Meu coração gelou.

— Vou me encontrar com Daniel?

— Sim. Estava te esperando justamente para levá-lo até o nosso diretor.

— Que honra poder ser recebido por ele.

— Ele está sempre à disposição de todos — afirmou Marques.

— Amigos, agora tenho que ir... o Felipe me espera — disse Nina, nos cumprimentando.

— Vá, Nina, e dê lembranças ao Felipe por mim — pediu Marques.

— Obrigado por tudo, Nina.

— Ainda nos encontraremos nesta psicografia.

— Estou sempre à disposição — disse.

— Até breve, meninos! — disse a mentora, deixando-nos a sós.

— Venha, Osmar, o Daniel está nos esperando.

Atravessamos a rua e adentramos no prédio da administração central. Subimos até a cobertura na qual ficava o gabinete de Daniel, sendo o diretor espiritual da colônia Amor e Caridade.

— Venha, Osmar — disse Marques, andando à minha frente.

Finalmente, chegamos à porta principal de acesso à sala.

— Venha, pode entrar — pediu Marques, abrindo a porta e esperando com que eu entrasse para fechá-la.

Lá estava Daniel nos esperando em sua confortável sala.

— Entrem! — disse o amado mentor espiritual, com um sorriso no rosto.

Percebi que também havia um senhor de cabelos brancos sentado à frente de Daniel.

— Sentem-se, por favor — disse ele, nos mostrando duas cadeiras à sua frente.

Olhei para o senhor que, sorrindo, me mostrou uma cadeira ao seu lado.

— Este é o Dr. Marcos, Osmar.

Ele, então, estendeu sua mão direita para me cumprimentar.

— Sente-se, meu rapaz.

Sentei-me na cadeira indicada, enquanto, Marques, se sentava ao meu lado.

— Osmar, este é o Dr. Marcos, nosso amigo e instrutor. Ele é o responsável pelas salas de psicologia aqui da colônia.

— Muito prazer, Dr. Marcos!

— O prazer é todo meu de poder colaborar com o livro que você está escrevendo.

— Perdoe-me, senhores, mas salas de psicologia? Como assim?

— Em nossa colônia, assim como em todas as outras, existem diversos setores de atendimento para os recém-chegados. Aqui, recebemos pacientes que precisam de auxílio e orientação, após o desencarne sofrido pela depressão, entre outras síndromes. Todos devem saber que as cidades espirituais são muito parecidas com as cidades nas quais os espíritos estão encarnados e expiando para aperfeiçoarem-se.

— Eu já visitei alguns hospitais daqui e de outras colônias, e pude escrever sobre vários setores e diversos tratamentos que recebemos quando chegamos à vida espiritual.

— Osmar, quando uma pessoa desencarna com depressão, ela não chega aqui curada. Ao desencarnar, o espírito traz consigo as impressões da última experiência terrena. Por isso, devemos sempre informar a todos de que a morte, seja natural ou provocada, ela não modifica a condição do espírito — disse Marcos.

— Acho superimportante que todos saibam disso, Marcos.

— Serve de alerta para os que lerem a sua obra, por ter a finalidade de conscientizar a todos de que o suicídio não tira a dor nem modifica o peso que carregam por estarem em depressão; isso tudo, porque muitos infelizes irmãos acreditam que, tirando a própria vida, a dor terá fim. Entretanto, a ilusão e a angústia acabam por ceifar muitas vidas.

— Osmar, como disse, Marcos é o diretor da ala de psicologia, local onde vários outros profissionais também auxiliam na condução e na conscientização do espírito que aqui chega iludido e em sofrimento.

— Sou grato a você por poder falar um pouco mais sobre isso, Daniel.

— A depressão, Osmar, é uma doença grave. Ela causa alterações emocionais importantes, que influenciam diretamente na forma como a pessoa percebe, sente e se relaciona com o mundo em que vive e com os outros que experimentam ao seu lado.

Quando o irmão encarnado sofre desse problema, ele tende a ignorar os pontos positivos da encarnação, focando apenas nas suas dores e na negatividade que o envolvem.

A depressão não é uma doença moderna, ela sempre existiu. Acontece que a forma de ela se expressar, acentuou-se com a chegada dos novos tempos.

— Perdoe-me o comentário, mas, dia desses, eu estava pensando que antigamente não se ouvia falar em depressão… por que tantos casos atualmente?

— Antigamente, Osmar, vocês não tinham tanta tecnologia à disposição. Vocês não tinham tantas facilidades que acabam por banalizar as relações. Tudo está ao alcance da palma da mão.

— É verdade.

— Além, é claro, da modernidade das obsessões — disse Daniel, entrando novamente em nossa conversa.

— Você acredita que as tecnologias facilitem a obsessão, Daniel?

— Os espíritos obsessores são espíritos como vocês. Não pensem que os obsessores são diferentes. Existem obsessores renomados e inteligentíssimos que destinam sua existência para fazer o mal ou para se vingar daqueles que um dia os prejudicaram.

— Não havia pensado assim...

— Um espírito obsessor, Osmar, é um espírito como qualquer outro.

— Hoje em dia, embora seja considerada um dos transtornos psiquiátricos mais comuns, a depressão é uma dor silenciosa, e seus sintomas nem sempre são identificados e tratados adequadamente, porque tem que se considerar a obsessão como sendo a origem da doença. E quando o quadro é negligenciado, as consequências podem ser catastróficas e acabam por levar o paciente a casos extremos, como tentativas de suicídio, muito comuns atualmente, em seu plano.

Por isso, é muito importante que o deprimido possa contar com o apoio da família e dos amigos, que tenha o acompanhamento de profissionais especializados, a fim de que supere a doença e encontrar, novamente, razões para ter uma vida plena e feliz, além, é claro, de procurar também por ajuda espiritual, a fim de detectar quais os reais motivos que deflagraram a depressão.

— Como dissemos, existem várias causas de depressão — disse Daniel.

— Marcos, mas o que é a depressão? — perguntei.

— Olha, Osmar, a depressão, em alguns casos, pode tratar-se de um distúrbio afetivo, que faz com que as pessoas que sofram desse transtorno sintam uma tristeza profunda, que, geralmente, não passa, independentemente do que se faça. Esse sentimento de tristeza faz com que haja uma perda de interesse generalizada por tudo o que antes o indivíduo até gostava de fazer.

Além disso, sintomas como desânimo constante, oscilações de apetite, falta de prazer nas coisas, oscilações frequentes de humor, entre muitos outros, podem acabar levando a pessoa que desenvolveu a doença, a ter cada vez mais pensamentos pessimistas, caso não inicie imediatamente um tratamento adequado, e, como dissemos, pode ter origem física ou espiritual.

Vale salientar, ainda, que as duas medicinas, se aplicadas corretamente, conseguem resultados surpreendentes.

— Existem tipos diferentes de depressão, doutor?

— Sim.

— E quais são?

— A *depressão oculta* é um exemplo.

— Como identificá-la?

— É um tipo de depressão que se apresenta como um episódio, ou seja, por um curto período, que pode durar alguns meses, nos quais a pessoa manifesta sintomas depressivos, como alterações no humor e falta de disposição, energia, prazer e iniciativa. Ademais, alterações no sono e no apetite também podem aparecer, além de pesadelos e mudança repentina de humor. Acontece que o paciente sempre nega estar em depressão, pois não se sente como tal. A outra forma é a psicótica.

— Psicótica? O que seria isso?

— Trata-se de um tipo da doença que manifesta sintomas, como tristeza, delírios e alucinações. Por mais que seja um tipo raro, qualquer pessoa pode desenvolvê-la, mesmo que não tenha casos relatados na família. Outro sintoma é ter visões espirituais, muito comuns durante a noite ou em ambientes escuros.

Há, ainda, meu nobre escritor, os casos de depressivo maior, que ocorre quando o quadro de depressão passa dos seis meses e apresenta sintomas cada vez mais intensificados. Costuma-se dizer que a pessoa está com um *transtorno depressivo maior*.

— O que isso quer dizer?

— Isso quer dizer que a doença pode estar relacionada com fatores e heranças genéticas, que causam alterações químicas no cérebro, tendo o seu processo acelerado por situações de cunho físico ou emocional. Nesse tipo, é comum também a rejeição de tudo. A pessoa se tranca em si e não compartilha a vida com nada nem ninguém.

— Marcos?

— Sim.

— E a *depressão pós-parto*? Existe mesmo?

— Sim. Muito comum.

— Quais são os sintomas?

— A depressão pós-parto, como o próprio nome já informa, é um tipo de depressão desencadeada após o parto. A mulher apresenta sintomas, como tristeza intensa e falta de esperança. Uma das principais causas se dá pela grande alteração hormonal que ocorre no organismo da mãe, em decorrência do fim da gravidez. Rejeitar o filho é fator principal para detectar esse tipo de depressão. Nesse caso, posso dar uma dica de como saber se a doença é física ou se é obsessão.

— Por favor, doutor — disse.

— Quando a mãe apresenta pensamentos fixos de se livrar da criança, ou mesmo quando ela tem pensamentos de matar a própria cria, nesses casos, a depressão é devido à obsessão espiritual. Portanto, recomenda-se procurar imediatamente um hospital espiritual para tratamento adequado.

— Nossa! Obrigado.

— Como o escritor pode ver, existem vários tipos de depressão.

— Tem mais algum?

— Sim.

— Qual?

— A *depressão bipolar*.

— Depressão bipolar? O que é isso?

— Esse tipo de depressão se apresenta nos quadros de transtornos bipolares, sendo que, na fase depressiva, o indivíduo apresenta os mesmos sintomas de episódios depressivos, mas, na fase da euforia, pode ficar bastante agitado, impulsivo, desatento, hiperativo, entre outros sintomas.

— Meu Deus!

— Há, ainda, Osmar, a *depressão sazonal*.

— Depressão sazonal?

— Sim.

— Quais são os sintomas, Marcos?

— Nesse caso, o indivíduo apresenta os sintomas de depressão, principalmente em épocas específicas, como Natal, festas de final de ano, aniversários, e também no inverno, quando ocorre baixa exposição à luz solar e quando as temperaturas baixas favorecem um clima de mais introspecção e quietude. Não podemos deixar de falar ainda da *obsessão espiritual*.

— Acho muito importante.

— Esses casos ocorrem quando um familiar desencarnado tem acesso ao espírito encarnado e passa a obsediar outro familiar, e ocorre principalmente nas datas festivas.

— Esta é a obsessão de desencarnado para encarnado, é isso?

— Exatamente.

— Existe ainda uma depressão que alguns médicos encarnados chamam de *distimia* — prosseguiu Marcos.

— O que é distimia?

— A distimia ocorre quando os médicos detectam um tipo crônico de depressão. A distimia, Osmar, pode durar anos, porém, apresenta sintomas menos graves do que a depressão propriamente dita.

— Jesus!

— Nesse caso, os sintomas podem durar muito tempo, e os indivíduos que costumam apresentá-los são considerados bastante críticos, "reclamões", e com incapacidade de se divertirem em quaisquer momentos das suas vidas. Pode não parecer, mas se trata de um quadro clínico que também demanda tratamento médico e espiritual.

Pelo que estamos aprendendo neste encontro, Marcos, todos os tipos de depressão estão ou podem estar ligados a algum tipo de obsessão, estou certo?

— Não devemos nem podemos generalizar, mas recomendo a todos os que estejam sofrendo com algum tipo de depressão que procurem ajuda espiritual.

— Tem um caso que eu gostaria de lhes contar.

— Conte-nos — disse Marques, curioso, sentado ao nosso lado.

— Uma vez, fui procurado por uma mulher através das redes sociais. Ela estava desesperada. Me procurou para relatar que não conseguia mais sair da cama. Vivia em depressão e sem vontade nenhuma de viver e com um quadro de enxaqueca terrível.

Então, sugeri a ela que me procurasse no centro espírita no dia seguinte, onde haveria atendimento.

Ela chegou cedo. Eu nem estava preparado para atender, pois os médiuns não haviam chegado ainda.

Foi quando, de repente, ela começou a sentir uma forte dor abdominal. Ela estava sentada em um banco que ficava no corredor da lanchonete.

A mulher se contorcia de dor.

Imediatamente, a levei para a câmara de desobsessão, pois detectei que algum obsessor queria, de qualquer jeito, tirá-la do ambiente do centro espírita.

E assim, fizemos. Com muita dificuldade e com o corpo mediúnico muito reduzido, nós a levamos para a câmara. Deixei a mulher deitadinha lá por umas duas horas.

Após o tratamento e já se sentindo melhor, ela foi embora. Para a minha grata surpresa, na sessão seguinte, ela já chegou bem melhor e, após completar todo o tratamento, tornou-se outra mulher.

No mês seguinte, ela escreveu para mim uma carta em agradecimento. Voltou à vida. Estava feliz e realizada. Até hoje, ela conta para todo mundo o que aconteceu com ela.

— Este é um caso de depressão por obsessão. Como dissemos, muito comum atualmente — disse Marcos.

— Parabéns, Osmar, pelo trabalho! — me felicitou Daniel.

— Eu não fiz nada, Daniel, apenas a encaminhei para a câmara certa.

— Foi você quem proporcionou a ela o lugar para poder ser auxiliada, e é por isso que te parabenizo.

— Fiz o que deveria ser feito, só isso.

— Se todos que recebessem as nossas mensagens utilizassem dos recursos oriundos dos livros para construírem um hospital, assim como você construiu, o mundo físico estaria muito melhor — disse Marques.

Naquele momento, algumas lágrimas novamente visitaram os meus olhos...

— Desculpem-me, senhores.

— A emoção é sinal de evolução, Osmar — afirmou Daniel.

— Só vocês e Deus sabem o preço que paguei e ainda pago pelo meu trabalho, Daniel.

— Não se preocupe com os que te julgam, pois aquele que um dia irá te julgar não está encarnado. O que todos devem se conscientizar é de que a depressão não é somente uma doença física. Quando o corpo adoece com a depressão, o espírito segue o mesmo roteiro; existem sequelas espirituais, por isso os dois devem ser tratados em conjunto. O que você vem fazendo pelos doentes que chegam até vocês são Divinos e devem ser respeitados.

Após uma pequena pausa, com mais emoções em mim, retomamos o nosso diálogo.

— Senhores, voltemos ao assunto — sugeriu Marcos.

— Sim, perdão por ter me emocionado. Marcos, o que sente uma pessoa com depressão?

— Osmar, os sintomas da depressão podem variar caso a caso, mas, geralmente, os irmãos depressivos apresentam incapacidade de sentir alegria e satisfação com a vida; sensação de vazio, angústia e incompreensão; falta de motivação e desinteresse geral; baixa autoestima, ansiedade, desespero e irritação; pensamentos negativos e falta de esperança; insônia ou excesso de sono; perda ou aumento de peso; desinteresse ou de apetite sexual; falta de concentração e lapsos de memória; dores físicas frequentes e sem causa orgânica, etc.

As pessoas que têm depressão, em razão da obsessão, elas apresentam desejo de morte e tentativas de suicídio; baixa autoestima; insônia; dores físicas localizadas e sem causa; falta de motivação e desinteresse geral; angústia; pensamentos negativos; desejo de vingança; alucinações; visões de espíritos; arrepios constantes; calafrios; ódio; avareza; mutilações constantes; psicopatia; dupla personalidade, etc.

Esses são os sintomas mais comuns.

— Que bom poder escrever tudo isso.

— Nós que agradecemos, Osmar — disse Marcos.

— Você quer acrescentar alguma coisa, Marcos?

— Sim. Acredito que seja muito importante explorarmos ao máximo esse tema, afinal, a depressão é atualmente o grande mal da sociedade.

— Vamos em frente.

— Podemos prosseguir, Daniel?

— Sim, Marcos. Explique a todos qual é a psicologia por trás da doença.

— Vamos lá, amigos. A depressão faz parte de uma família ampla de doenças e, por esse motivo, é denominada síndrome. A depressão mostra que ocorre uma abundância de alterações químicas no cérebro do indivíduo que enfrenta tal situação. Essas alterações, pelo que se tem conhecimento atualmente, se relacionam diretamente com alguns neurotransmissores, os quais são substâncias responsáveis por transmitir impulsos nervosos entre as células cerebrais, como a serotonina, a noradrenalina e a dopamina.

— Nossa! — disse.

Marcos, então, prosseguiu:

— Geralmente, costuma-se achar que fatores psicológicos e sociais são os grandes causadores da depressão, entretanto, eles são, na verdade, consequências e não causas. Porém, é importante deixar claro que o estresse, por ter grande impacto na vida dos indivíduos encarnados atualmente, pode acelerar o surgimento da doença, caso o indivíduo tenha predisposição a desenvolvê-la.

Os casos de depressão têm a ver com questões genéticas. Isso quer dizer que, se há outros casos da doença na família, existem maiores chances de que um indivíduo desse mesmo grupo familiar, também a desenvolva em algum momento da sua vida.

Isso ocorre porque a depressão, cientificamente falando, é uma doença bastante complexa, ou seja, o que se sabe é que pode haver inúmeros genes que exercem efeitos e influências para o seu surgimento, descartando a possibilidade de apenas um gene ter responsabilidade pelo desenvolvimento do transtorno.

— Marcos, posso te perguntar uma coisa?

— Claro.

— Existe alguma diferença entre a depressão e a tristeza?

— Meu jovem, sentir tristeza é normal e saudável, ao ser uma reação que, geralmente, se apresenta quando passamos por situações que nos aborrecem, magoam ou saem do nosso controle. A tristeza se caracteriza justamente por ser uma emoção natural, associada a eventos específicos, e é um estado provisório, transitório e passageiro.

A depressão, por sua vez, apresenta sintomas permanentes de melancolia e desilusão com a vida, mesmo sem causas aparentes, associados a sintomas físicos também. Portanto, fique atento aos sintomas da depressão e, caso perceba que a tristeza e a desilusão estão virando elementos constantes na sua vida, busque ajuda médica e espiritual imediatamente.

Ressalto aqui, mais uma vez, que as duas medicinas combinadas trazem um resultado rápido e seguro.

— Quais tratamentos, além do tratamento espiritual, vocês aqui de Amor e Caridade recomendam?

— São vários os tratamentos possíveis para ajudar pessoas com quadros de depressão. Cito alguns mais comuns.

— Vou anotar.

— Anote.

A *psicoterapia* é o primeiro passo.

Procurar a ajuda de um psicólogo, logo que se apresentar os primeiros sintomas, é essencial para que se tenha a oportunidade de descobrir o que, no dia a dia, está fazendo com que a doença se manifeste da forma como está se manifestando. Além disso, a partir do processo terapêutico, há ainda a reeducação comportamental, possibilitando a redução dos sintomas, o que pode fazer com que haja uma melhora considerável no quadro depressivo.

As *atividades físicas* são muito úteis.

A inclusão de atividades físicas na rotina do indivíduo que apresenta um quadro depressivo pode lhe trazer grandes benefícios. Isso ocorre porque, além de proporcionar distração e convívio com outras pessoas, os exercícios têm a grande capacidade de liberar substâncias no organismo que melhoram o humor, como a endorfina e a serotonina.

Medicamentos:

Por meio do acompanhamento de um profissional especializado, um médico psiquiatra, são receitados medicamentos que agem diretamente no organismo do indivíduo, contribuindo para ter uma melhora considerável no seu quadro ao reequilibrar a química cerebral. Mas é importante enfatizar que somente um médico pode dizer qual o medicamento mais indicado para cada caso, bem como a dosagem correta, ficando vedado ao paciente automedicar-se, assim como interromper o tratamento sem que o médico tenha conhecimento.

Portanto, se você que está lendo este livro, se identificou com algumas das situações relatadas aqui pelos espíritos amigos, saiba que é importante procurar ajuda para que, assim, você possa se recuperar o mais brevemente possível e ter prazer novamente a partir de todos os acontecimentos da sua vida.

Nunca se esqueça de que você é muito importante para Deus e que, com certeza, tem em si o que precisa para superar esse grande problema. Confie, conte com o apoio daqueles que o amam e, em breve, você terá ainda mais motivos para sorrir.

Não deixe de procurar ajuda espiritual, em uma casa espírita séria e recomendada por pessoas igualmente sérias, pois, infelizmente, há muitas pessoas equivocadas no exercício da mediunidade e despreparadas para esse tipo de auxílio. Procure por hospitais espirituais, e não centros espíritas. É o que recomendamos.

— Não tenho palavras para te agradecer, Marcos, e estou muito feliz em conhecer você.

— Estamos às ordens, sempre que precisar, Osmar. Nós ainda vamos nos encontrar, fique tranquilo.

— Você já esteve com a Helena, Osmar?

— Sim, Daniel. Escrevi um pouco sobre a infância dela.

— Ela foi minha paciente, Osmar — disse Marcos.

— Sério?

— Sim. Ela passou por tratamento em nosso hospital.

— É ótimo saber que temos todo esse amparo nas cidades espirituais, Marcos.

— As cidades espirituais são espelhos das cidades terrenas, já dissemos isso — confirmou Marques.

— É verdade, meus amigos.

— Agora, vá. Vá ao encontro de Nina e termine o seu livro, Osmar.

— Deixa comigo, Daniel. E obrigado, Marcos e Marques, por mais essa oportunidade.

— Termine a sua tarefa, Osmar — disse Daniel.

— Vou terminar, meu amigo.

— Até breve! Leve-o, Marques — solicitou Daniel, após o edificante encontro.

Nos despedimos e, em seguida, fui trazido à minha vida de encarnado, ansioso pelo novo encontro.

O que será que Helena ainda tem para me revelar?

“

A certeza da continuidade da vida me faz descansar…

”

Osmar Barbosa

O reencontro

No dia seguinte, logo pela manhã, ao chegar ao meu escritório, percebi a presença de Nina, que trazia ao seu lado a doce Helena.

— Bom dia, Osmar!

— Bom dia, Nina!

— Oi, Osmar!

— Oi, Helena! Que bom tê-las aqui tão cedo!

— Estávamos te esperando.

— Jura? Perdoem-me... não sabia que deveria chegar mais cedo.

— Não se preocupe com isso, Osmar — disse Nina.

— Quando for assim, você pode ir até a minha casa para me chamar, como você sempre faz, Nina.

— Hoje não pudemos ir até a sua casa.

— Não puderam ir? O que as impediu?

— Nem sempre temos a permissão de estar na vida de vocês, como vocês pensam.

— Vocês não têm livre acesso aos lugares aqui no plano material, Nina?

— Todo acesso espiritual é restrito à condição do espírito, como já te orientamos várias vezes.

— Mas você sempre teve acesso a mim e à minha casa... já perdi até as contas de quantas visitas você já me fez.

— Tenho acesso a você em quase todos os lugares, mas, Helena, não.

— Ufa! Pensei estar passando por algum momento complicado espiritualmente.

— Não é você, é Helena. E não é que ela esteja em condição espiritual inferior... a questão é muito mais complexa do que você possa imaginar.

— Você disse que o espírito precisa ter condições espirituais específicas para adentrar em determinados lugares. Por que é assim?

— Tudo na vida do espírito em evolução é conquista. Se minhas conquistas atuais não me permitem adentrar em determinados ambientes, tenho que me empenhar mais e me modificar para ter as condições adequadas para o intento.

— E o que são condições espirituais adequadas, Nina?

— Sutileza espiritual é uma delas.

— Quer dizer que, para que eu possa entrar em determinados ambientes, a minha condição espiritual tem que estar em perfeita sintonia, é isso?

— Tens que ter o corpo espiritual adequado, é isso.

— Entendi. É como a porta estreita, né?

— Sim.

— Eu me lembrei agora de que, em uma das psicografias que fiz, o mentor espiritual nos deu um belo ensinamento sobre essas condições espirituais, que são, na verdade, as nossas conquistas.

— Exato. Quanto mais sutil for a sua condição espiritual, mais acesso a regiões sutis você alcançará.

— É. Aprendi que quanto mais evoluímos, mais sutil se torna a nossa forma espiritual e que, esta forma, vai nos permitindo planos sublimes, nos quais se encontram os espíritos "mais perfeitos".

— É isso mesmo — disse Nina.

— Mas tem algo que eu ainda não entendi.

— O quê?

— Se você, Nina, que já é um espírito superior, que tem uma condição espiritual "mais perfeita", não consegue entrar em determinados ambientes, sendo teoricamente lugares com energia inferior a você, então, como isso é possível?

— Pelo visto, o autor se esqueceu do que ensinamos no livro *Cinco Dias no Umbral*...

— Deixe-me tentar lembrar...

— Não precisa se lembrar. Vou te ensinar novamente.

— Desculpe, Nina.

— Quanto mais sutil for a nossa forma perispiritual, maiores serão os ataques daqueles que vivem nas trevas em busca da nossa luz. Um espírito na condição de espírito puro, ou seja, o que vocês costumam chamar de espíritos iluminados, lembra?

— Sim. Temos o hábito de chamar os espíritos superiores de iluminados.

— O próprio apelido nos define. Somos realmente espíritos mais iluminados. Quanto maior a perfeição do espírito, mais luz ele irradia, seja onde ele estiver.

— E aqueles que vivem na escuridão? Eles querem, de alguma forma, sugar a sua luz, é isso?

— Sim. Por isso, sempre estamos ao lado de guardiões, quando visitamos os planos trevais.

— É uma segurança para vocês, certo?

— Não é propriamente isso, pois não precisamos de segurança para adentrar em planos nos quais temos acesso permitido, devido à nossa condição espiritual. Entretanto, todos precisam de oportunidades evolutivas, e os guardiões, em sua maioria, são espíritos que precisam passar por essas experiências, para purgarem as mazelas que lhes impedem a evolução.

— Perdoe a minha ignorância, Nina, mas você poderia explicar mais sobre isso?

— Posso. Imagine um infeliz irmão que, em sua última encarnação, foi uma pessoa de *status*, poderosa, rica, influente e famosa.

— Sim.

— Geralmente, a prova de que esse espírito vive é uma das provas mais difíceis nos processos evolutivos.

— Acredito que sim.

— Por norma, um irmão encarnado nessa condição não se curva a nada nem a ninguém. O prestígio, a fama, o dinheiro e a condição social o afastam da humildade e da empatia, lhe impossibilitando de respeitar a condição do outro ou amá-lo.

Ao chegar aos planos espirituais, esse espírito percebe que tudo o que ele tinha ou que havia conquistado, não tem nenhum valor, e é exatamente nessa hora que ele se desespera, porque recebe, da maioria dos irmãos que maltratou, o mesmo tratamento. Vale lembrar, que ninguém vira anjo pelo fato de estar desencarnado.

Qual é a forma de reparar o erro cometido, Osmar?

— Acredito que seja passando pelas mesmas experiências da forma contrária.

— Exatamente. Assim, a maioria dos guardiões que nos acompanha são espíritos que estão arrependidos de terem vivido uma encarnação inteira ao lado da soberba, e que, agora, imploram para servir aos espíritos superiores nas tarefas de amparo e amor. É auxiliando que somos auxiliados, lembre-se sempre disso.

— Nossa, coitados daqueles que não lerem estas linhas.

— É por isso que estamos escrevendo. É necessário levar o máximo de informações sobre os planos espirituais aos irmãos, para que todos se alinhem aos processos evolutivos — disse Helena, entrando em nossa conversa.

— É está a mensagem que a Helena quer passar para vocês, Osmar.

— Sou seu lápis, Helena.

— Mas, antes de Helena começar, quero informar a você que o que revelei há pouco não é regra absoluta. Existem outras coisas que nos impedem de adentrar determinados ambientes físicos e espirituais.

— Você quer nos falar mais alguma coisa sobre isso, Nina?

— Olha, deixa eu te dizer mais uma coisa, e é bom que todos aprendam.

— Vamos lá.

— Você sabia que o ato da oração é uma barreira quase intransponível para alguns irmãos?

— Já ouvi falar sobre isso, Nina.

— Uma família que realiza o culto do Evangelho no lar semanalmente, e o faz com fervor, acaba por criar uma barreira fluídica no ambiente, e isso impede a aproximação de espíritos de baixa vibração. Este ato faz com que eles não consigam transpor de forma alguma essa proteção, por exemplo.

— Já estudei sobre isso. Para exemplificar, é como se pintássemos as paredes de nossa casa com uma tinta especial, da qual os espíritos ruins não conseguissem se aproximar.

— Esta é uma das formas que vocês, enquanto encarnados, podem se utilizar para proteger os ambientes em que vivem.

— Nina, posso explorar um pouco mais sobre esse tema?

— Sim.

— Por exemplo, existe alguma proteção que podemos fazer ou utilizar em nosso comércio, loja, escritório, consultório, etc.?

— O espírito é uma centelha divina. Os corpos espirituais que lhes permitem a encarnação são compostos de fluidos animais, vegetais, minerais, orgânicos, dentre outros, e condensados após a modificação do fluido Cósmico Universal.

O perispírito, Osmar, é invólucro fluídico (semimaterial) que serve de veículo de manifestação do espírito no plano espiritual e terreno, quando precisamos nos mostrar. Constituído de fluidos próprios do mundo em que estagia, o perispírito serve também de elo do espírito com o corpo físico, quando se encontra reencarnado.

Por favor, não confunda perispírito com corpos espirituais, estes, aliados aos chacras, permitindo o equilíbrio energético do corpo físico estando na encarnação. Os chacras, Osmar, são centros energéticos distribuídos pelo corpo. A palavra *chakra* significa “roda” em sânscrito, e, não à toa, eles estão em constante movimento. Sua comunicação se dá por canais condutores, chamados “Nadis”, por onde passa toda a energia vital.

É o que permite o equilíbrio entre o espírito e o corpo físico, como disse anteriormente.

— Uau! Que aula, Nina!

— Como explicado, tudo é energia e simbiose. Pelos exemplos informados, há, sim, elementos que podem ser usados como amuletos. Que podem proteger e, até mesmo, melhorar significativamente o ambiente em que você trabalha, vive, dorme, etc.

— Alguma receita? — perguntei, com muito medo da resposta.

— A prece. O hábito da oração pode transformar tudo ao seu redor, creia nisso.

— Eu creio, Nina.

— Podemos ir? — perguntou Helena.

— Ir… para onde?

— Queremos que você venha conosco até a colônia novamente. Temos algo para te mostrar.

— Sim, podemos ir — disse.

— Então, venha, Osmar. Temos algo do qual gostaríamos que você relatasse em seu livro — afirmou Nina.

— Só preciso avisar à minha família e também separar alguns papéis para poder ir. Vocês não se importam?

— Claro que não. Pode terminar sua tarefa — disse Nina.

— É que quando estou em psicografia, costumo avisar à família para não ser interrompido, entende?

— Entendemos perfeitamente, Osmar.

Naquele instante, vi abrir-se em minha sala um lindo caminho de luz para que pudéssemos adentrar e seguir rumo à Colônia Espiritual Amor e Caridade.

Os espíritos são amorosos e compreensíveis. Não há nada de sobrenatural na relação de um médium e de seus mentores. É tudo muito natural e edificante.

Agradeço a cada segundo da minha encarnação. Agradeço às oportunidades que tenho ao lado desses amigos do Plano Maior.

Obrigado, Deus, por tudo...

"

Cada dia que amanhece assemelha-se a uma página em branco, na qual gravamos os nossos pensamentos, ações e atitudes. Na essência, cada dia é a preparação de nosso próprio amanhã.

"

Chico Xavier

Hospital Espiritual Amor e Caridade

Após me organizar, segui ao lado das mentoras para a Colônia Espiritual Amor e Caridade.

Ao chegar, fomos ao Hospital Franz Mesmer, a qual é a maior unidade hospitalar da colônia Amor e Caridade.

— Vamos ver o Franz, Nina?

— Acho que ele não está.

— Então, vamos para onde?

— Queremos te mostrar como são recebidos os irmãos que chegam à vida espiritual após a desencarnação e que sofreram com a depressão. Temos muita coisa a revelar e gostaríamos que você contasse tudo nesta obra.

— Estive com o Marcos e com o Daniel, e eles nos falaram muito sobre isso em um capítulo deste livro.

— Sim. Ele falou sobre alguns aspectos da depressão, mas não como são tratados os pacientes depressivos que aqui chegam — disse Helena.

— Sim, sim, perdoe-me, Helena.

Adentramos o hospital e logo fomos recebidos por uma jovem, de cabelos loiros, muito simpática.

— Sejam bem-vindos! — disse ela, nos recebendo.

— Olá, Eliane! — disse Nina.

— Sejam bem-vindos! — disse novamente Eliane, nos recebendo com carinho e ternura. — Venham por aqui, por gentileza — disse, nos indicando um corredor à direita, ao lado da recepção principal.

Seguimos até o final do corredor, onde havia uma placa que indicava. Sala dos médicos.

Entramos, mas não havia ninguém.

— Peço que aguardem aqui, por gentileza.

— Vamos esperar, Eliane, obrigada! — disse Nina, se sentando em uma pequena poltrona à nossa esquerda.

Helena e eu nos sentamos em um sofá marrom de três lugares.

— Vamos esperar — disse Helena.

Naquele momento, passei a observar os detalhes do lugar em que estávamos.

Nas paredes, alguns quadros. Um deles, na verdade, era uma foto do Dr. Franz, o qual é o diretor do hospital. Em algumas psicografias anteriores, tive a oportunidade de relatar fatos ocorridos nesta unidade de tratamento da vida espiritual.

Na outra parede, um quadro do Dr. Marcos, quem havia encontrado na sala de Daniel.

Olhei para a Nina admirado com a sua grandeza espiritual e humildade por estar ali comigo à espera de outro espírito.

Por que esses iluminados são assim?

O que será que preciso para ser um espírito melhor, paciente e bondoso como a Nina?

O que leva uma doce e meiga menina a se dedicar a escrever livros ao meu lado?

O que fiz ou faço para merecer tal oportunidade?

Essas eram as perguntas que atordoavam a minha mente, naqueles minutos de silêncio dentro daquela sala.

Por que eu?

Após alguns minutos, Nina se dirigiu a mim.

— Osmar?

— Sim, Nina.

— Você sabe como fazemos para nos comunicar nas cidades espirituais?

— Pelo que tenho aprendido… é pelo pensamento.

— Então, pare de se questionar… por que tantos porquês? Vocês criam sofrimentos por serem ansiosos demais. Tudo na Criação cumpre um roteiro. Ficar ou estar ansioso não modificará o que tem que acontecer. Deveis ser pacíficos e tolerantes. Estamos no Todo, e o Todo está em cada um de nós. Há um projeto da Criação para cada ser que nele habita. Não há acasos e, muito menos, estais esquecidos ou entregues à própria sorte.

Por que é tão difícil compreender?

— Acho que é pela nossa ignorância, Nina.

— Ansiedade é doença de quem vive no futuro. Daquilo que acontecerá no tempo certo, e que ninguém pode mudar.

— Eu sei, Nina. Percebi que você leu meus pensamentos.

— Não, eu não li seus pensamentos. Eu ouvi seus pensamentos, é diferente. Como o perispírito não tem o aparelho fônico, que nos permitiria falar, nós nos comunicamos telepaticamente, através do pensamento. E sabe por que é assim?

— Porque vocês não têm o aparelho fônico. É isso?

— Não. Não é por causa disso.

— Por que é, então, Nina?

— Primeiro, porque é o que nos impede de mentir; a sinceridade é atributo reformador. E, segundo, porque somos espíritos e devemos diferenciar a vida de encarnado da vida de desencarnado.

Aqui, a consciência é plena.

Aqui, seu caráter é exposto.

Aqui, você não conseguirá ser o que não é.

Aqui, não há como mentir, enganar e fingir ser o que não é.

Você acha que todos estão preparados para viver uma vida espiritual?

— Sinceramente?

— Sim.

— Acho que estamos muito distantes disso.

— E como você acha que vocês vão conseguir ser sinceros e verdadeiros?

— Através das provas?

— Através das encarnações, as quais são provas reformadoras. Enquanto você não for sincero e verdadeiro, vais encarnar...

— Que sentença horrível, Nina.

— Não é sentença, é oportunidade.

— Mas se eu chegar aqui e não quiser ir para a encarnação, o que acontece?

— Osmar, você só vai chegar até aqui, se tiver condições espirituais para isso. Quem não estiver preparado para uma colônia como essa, não aportará nela. Será levado para o lugar que melhor condiz com a sua condição espiritual. E esta não é uma lei criada por nós. Se pudéssemos interferir, traríamos todos que desencarnam para cá.

Acontece que existe uma Lei Natural que separa automaticamente os espíritos por vibração espiritual e por condição perispiritual. Aquilo que você é quando encarnado é o que define o lugar em que você será recebido, após o desencarne.

É isso. Uma Lei Natural que não pune, mas que oportuna e esclarece todos os espíritos. Por isso, há milhares de cidades, todas diferentes umas das outras, e cada uma com sua especialidade e uma equipe preparada para auxiliar, sempre...

— Deus, né, Nina?

— A Criação de Deus. Ele tem mais o que fazer do que ficar se preocupando com o destino de seus filhos. Ele, Osmar, sabe que um dia todos alcançarão a perfeição, sendo assim... deixa o barco navegar, pois, um dia, todos chegarão ao grande oceano que é, na verdade, a evolução...

— Que lindo, Nina!

— Obrigada!

Ouvimos alguns passos que vinham do corredor em nossa direção.

Helena olhou para Nina e esboçou um sorriso.

A maçaneta da porta se moveu... e, para a nossa alegria, era o Dr. Marcos.

— Marcos! — exclamou Helena, se levantando para abraçar o médico.

— Sejam bem-vindos! — disse, nos cumprimentando.

— Olá, Nina! Como tens passado?

— Estou muito bem, Marcos.

— Vejo que trouxeram o escritor — disse ele, me cumprimentando com um aperto de mão.

— É um prazer reencontrá-lo, Marcos.

— O prazer é nosso em te receber. Vamos, pessoal?

— Vamos! — disseram Helena e Nina.

Seguimos Marcos até uma enfermaria na qual oito pessoas estavam deitadas em macas que flutuavam. Sobre suas frontes, uma luz verde era direcionada e, ao lado, em uma pequena mesa, saía de um aparelho uma fumaça na cor violeta, que fazia com que o ambiente ficasse muito agradável.

Olhei para tudo aquilo muito impressionado com a organização e com a limpeza do lugar. Nos posicionamos ao lado de uma jovem que dormia um sono profundo. Foi quando Helena começou a falar.

— Meu caro amigo escritor, considero de suma importância que falemos nesta obra sobre os tipos de doenças espirituais e de que forma elas agem em nossos corpos espirituais e em nosso perispírito, além de tudo o que cerca a vida espiritual e toda a sua complexidade.

— Sou o lápis, se me permitem.

— Deixemos que a autoridade aqui presente nos ensine ainda mais sobre tudo — disse humildemente a instrutora.

— Estamos atentos, Marcos — disse Nina, olhando carinhosamente para nós.

— Senhoritas, é com imenso prazer que contribuo para a grandiosidade do trabalho deste médium dedicado.

— Obrigado, Marcos!

— Bem, provavelmente o assunto "perispírito" já deve ter sido abordado nesta obra, mas desejo explicar um pouco mais sobre ele para que todos aprendam definitivamente.

— Sem problemas — disse.

— O perispírito, como todos sabem, é um corpo espiritual composto de vários fluidos, entre eles, o fluido cósmico universal ou cósmico, como queiram.

A união do espírito com o perispírito começa na concepção, e se completa depois do nascimento. O que não quer dizer que o espírito encarnante já tenha toda a consciência da encarnação que se apresenta, pois, a complexidade da nova oportunidade, pode se estender até aproximadamente os 15 anos de vida da pessoa.

Certo é que, até os 7 anos, têm-se muitas impressões das vidas anteriores, pois o processo de esquecimento das vidas passadas pode se estender até os 15 anos, como dito anteriormente, o que não vamos nos aprofundar agora, por não se tratar do tema principal desta obra.

Mas como funciona ou como seria? Saibam todos que o que ocorre com o corpo, a alma (espírito) registra, ou seja, o que acontece com o corpo, reflete no perispírito. Imagine que o seu perispírito é a corrente elétrica na tomada de sua casa. O corpo é o aparelho que a energia coloca em funcionamento, e o perispírito é o fio condutor que conecta tudo e que permite funcionar.

Dentre as várias funções do perispírito, a principal é servir de instrumento, permitindo com que o espírito interaja com o corpo físico plenamente, carregando todas as particularidades vivenciadas e registrando sua própria história evolutiva.

Alguns sentimentos, atos, pensamentos e medicamentos se transformam em energias que danificam o perispírito, mas, a pior de todos os males, é a energia mental enfermiça que altera a composição do corpo espiritual (perispírito), refletindo desequilíbrio no corpo físico e provocando, assim, as doenças.

Do mesmo modo, agressões intensas e contínuas sobre o corpo físico se transferem ao campo energético do perispírito, gerando lesões potencialmente irreversíveis nesse corpo sutil.

Acontece que esses blocos de energias doentias permanecem no corpo espiritual (perispírito), após a destruição do corpo físico, pelo desencarne, e precisam ser tratadas aqui nos Hospitais Espirituais para o irmão recém-chegado conseguir uma nova oportunidade entre nós. Em alguns casos, o irmão passa pelos nossos hospitais, a fim de reparar as mazelas perispirituais para poder reencarnar.

Lembramos, ainda, que o perispírito tem a função de ser o MODELO ORGANIZADOR BIOLÓGICO — MOB — do novo corpo físico, ou seja, serve de molde para a formação do corpo do bebê, e, caso não seja tratado, o novo encarnado absorve parte das intoxicações sofridas pelo corpo físico na encarnação anterior.

— Meu Deus!

— É Ele mesmo quem permite tudo.

— Osmar, assim como acontece quando um encarnado ingere alimentos que fazem mal ao corpo físico, intoxicando os tecidos, o organismo perispiritual também absorve elementos que lhe degradam, com reflexos sobre as células materiais.

— Muito interessante isso, Marcos. Você poderia falar mais um pouco?

— Sim. Preste muita atenção: se o MOLDE sofre consequências/deformações, o novo corpo, na próxima encarnação, nascerá com possíveis sequelas.

"A doença é um caminho de cura, e não de castigo."

— Perfeito.

— A doença, Osmar, nunca é causa, ela é, pois, consequência proveniente de energias negativas que nos circundam.

— Como podemos evitar, então, a depressão e muitas outras doenças que tanto nos afetam e nos afligem, Marcos?

— O controle das energias é feito através dos pensamentos e dos sentimentos; portanto, possuímos energias que nos causam doenças por sermos indisciplinados mental e emocionalmente. A depressão sempre começará pela mente e pelas emoções. Controle isso e tudo estará bem.

Lembre-se sempre de que a providência Divina criou leis universais e imutáveis que, ao serem transgredidas, geram sofrimentos, não como castigo, mas como consequência dos abusos contra essas mesmas leis que, em algum momento da evolução do espírito, precisarão ser reparadas.

— Uma vez, li um relato de André Luiz que dizia que, ao chegar à vida espiritual, em determinado ambiente do plano astral, viu alguém com um braço ressequido, e o instrutor lhe explicou que aquele irmão, certa feita, ao chegar em casa alcoolizado, agredira o próprio pai. O pai, então, lançou contra o filho uma maldição, cujo conteúdo refere-se a lhe secar o braço com o qual batera em seu rosto.

O infeliz ficou tão perturbado com a praga, que se evadiu e, na rua, foi atropelado por um carro, tendo seu braço quebrado. O braço não mais adquiriu o vigor de antes, secando como uma folha morta. Aconteceu que, ao desencarnar, com a ideia cristalizada e coagulada em sua mente, ele modelou seu perispírito com aquela deformidade. Como não houve a reparação nos núcleos e hospitais da espiritualidade, a fim de retirar-lhe a ideia da mente, ele voltou a remodelar o braço seco e assim renasceu.

— É exatamente isso o que acontece, Osmar, quando o espírito não tem a oportunidade de atendimento aqui — disse Marcos.

— Marcos, posso explorar ainda mais suas instruções?

— Estamos aqui para isso.

— Como o nosso corpo físico adoece?

— As causas físicas são em decorrência de acidentes, excessos físicos, exageros alimentares, desregramentos que fazem com que um ou mais órgãos não funcionem como deveriam, criando assim uma desarmonia orgânica.

— E as causas espirituais?

— As causas espirituais são aquelas provenientes de nossas vibrações. O acúmulo de energias nocivas em nosso perispírito gera uma intoxicação fluídica. Quando essas energias invadem o organismo físico, elas criam um campo energético propício para a instalação de doenças que afetam órgãos vitais, como coração, fígado, pulmões, estômago, mente, entre outros.

— Osmar, é importante lembrar que as enfermidades espirituais produzem distúrbios ou lesões no corpo físico, decorrentes de desarmonias psíquicas originadas das condições pessoais do enfermo, da influência de entidade espiritual, como já foi dito, ou por ação conjunta de ambos. É importante também que todos saiba haver níveis a serem considerados, tais como de baixa, média ou de alta gravidade — explicou Helena.

— Você poderia nos explicar sobre essas densidades, Helena?

— O Marcos vai te explicar.

— Vamos lá, doutor.

— As de baixa gravidade, Osmar, são mais fáceis de serem controladas. Elas costumam surgir em momentos específicos da vida, quando a pessoa passa por algum tipo de dificuldade, ou seja, perdas afetivas ou materiais; doenças físicas; insucesso profissional, entre outras.

São situações em que as emoções afloram impetuosamente, gerando diferentes tipos de somatizações, como ansiedade, angústia, dores musculares, enxaqueca, distúrbios na digestão (náuseas, cólicas, azia, má absorção alimentar, etc.). Ocorrem também distúrbios do sono, da atenção e do controle emocional.

Nessas situações, a prece representa um poderoso instrumento de auxílio ao elevar o padrão vibratório do necessitado. A mudança vibratória permite que a assistência dos benfeitores espirituais favoreça o reajuste psíquico, emocional e físico. A pessoa recupera, então, as rédeas sobre si mesma, rompendo com as ideias perturbadoras próprias ou de outrem.

— Perfeito.

— As doenças espirituais de média gravidade podem prolongar-se por anos a fio, mantendo-se em um mesmo padrão ou evoluindo para algo mais grave.

Com o passar do tempo, elas podem apresentar um quadro sintomatológico característico de um tipo específico de patologia, como insônia persistente; gastrite e ulceração gástrica; infecções microbianas repetidas; crises alérgicas costumeiras; dores musculares penosas, formadoras de nódulos ou pontos de tensão; dificuldades respiratórias, seguidas das desagradáveis faltas de ar; hipertensão; obesidade ou magreza; crises de enxaqueca prolongadas, não controláveis por medicamentos; humor claramente afetado, oscilante entre crises de irritabilidade e impaciência incomuns e momentos de indiferentismo e submissão emocionais; episódios depressivos repetidos, seguidos de euforia exagerada.

Se não ocorrer a desejável assistência espiritual em benefício do necessitado, nessa fase da evolução da enfermidade, os doentes podem desenvolver comportamentos caracterizados, sobretudo, por manias e pelo isolamento social. Dada a importância dos tratamentos espirituais.

As ideias e os desejos do enfermo ficam girando em um círculo vicioso, conduzindo à criação de formas-pensamento, alimentadas pela vontade do próprio necessitado e pela dos espíritos desencarnados, sintonizados nesta faixa de vibração.

As orientações espíritas, se aceitas e seguidas, proporcionam imenso conforto, podendo reduzir ou eliminar o quadro geral de perturbações, sobretudo, se associadas às ações médicas e/ou psicológicas. Assim, faz-se necessário desenvolver persistente trabalho de renovação mental e comportamental da pessoa necessitada de auxílio.

— Novamente, ressaltamos que a prece, o passe, a água fluidificada, o estudo do Evangelho no Lar, a assistência espiritual (atendimento e diálogo fraterno, frequência às reuniões de explanação do Evangelho e de irradiações espirituais), o estudo espírita, entre outros, representam instrumentos de auxílio e de renovação psíquica, em geral, disponibilizados pelas casas espíritas — disse Nina, ao nosso lado.

— Certo.

— Podemos prosseguir?

— Claro, Marcos.

— As enfermidades espirituais classificadas como graves são encontradas em pessoas que revelam perdas temporárias ou permanentes da consciência. A perda da consciência, lenta ou repentina, pode estar associada a uma causa fisiológica (velhice) ou a uma patologia (lesões cerebrais de etiologias diversas).

Nessa situação, o enfermo vive períodos de alheamento ou alienações mentais, alternados com outros de lucidez. Esses períodos são particularmente difíceis, pois a pessoa passa a viver em uma realidade estranha e dolorosa, sobretudo quando o espírito enfermo se vê associado a outras mentes enfermas, em processos de simbioses espirituais.

O doente requisita atendimento médico especializado, no campo da psiquiatria. Não descartamos, novamente, o amparo espiritual benéfico em todos os casos e situações, visto que a essência é sempre espiritual, como temos insistido nesta obra.

A fluidoterapia espírita suaviza a manifestação da doença, auxiliando o tratamento médico. A assistência espiritual oferecida pela casa espírita e pelos hospitais espíritas age como bálsamo, minorando o sofrimento dos encarnados — doente, familiares e amigos — e dos desencarnados envolvidos na problemática.

O atendimento ao perturbador espiritual nas reuniões de Deametria, assim como as irradiações mentais em benefício do obsessor e do obsediado, produzem resultados significativos, que são fundamentais ao processo de libertação espiritual.

— Perfeito, meu amigo. Seus ensinamentos enriquecem o espírito.

— Meu nobre escritor, as enfermidades espirituais representam uma realidade impossível de ser ignorada, sobretudo, atualmente. Há tempos estamos alertando a todos sobre a necessidade urgente de avaliarem vossas condutas morais, desenvolvendo ações e atitudes compatíveis com a Lei de amor, justiça e caridade. As enfermidades espirituais só deixarão de existir, quando todos se renovarem para o bem.

Nesse sentido, se você me permite, são oportunas as elucidações do nosso irmão André Luiz…

— Acho apropriados todos os ensinamentos do nosso querido irmão e benfeitor espiritual.

— André Luiz nos diz:

(…) a enfermidade, como desarmonia espiritual…, sobrevive no perispírito.

As moléstias conhecidas no mundo e outras que ainda escapam ao diagnóstico humano, por muito tempo, persistirão nas esferas torturadas da alma, conduzindo-nos ao reajuste.

A dor é o grande e abençoado remédio.

Reeduca-nos a atividade mental, reestruturando as peças de nossa instrumentação e polindo os fulcros anímicos de que se vale a nossa inteligência para desenvolver-se na jornada para a vida eterna.

Depois do poder de Deus, é a única força capaz de alterar o rumo de nossos pensamentos, compelindo-nos a indispensáveis modificações, com vistas ao Plano Divino, a nosso respeito, e de cuja execução não poderemos fugir sem graves prejuízos para nós mesmos.

— Muito oportuna a colocação trazida pelo nosso irmão André Luiz, e também pela sua colocação a respeito do assunto, Marcos.

— Acontece, Osmar, que a medicina humana, muitas vezes, não admite a existência do espírito, não reconhecendo, consequentemente, as doenças espirituais. No passado, porém, durante séculos, o espírito era considerado causa de doenças, principalmente na loucura, na qual parecia evidente o seu parentesco com o mal.

Porém, quando a medicina começou a descobrir a fisiologia mecanicista dos fenômenos biológicos, excluiu dos meios acadêmicos a participação da alma, inclusive, na criação dos pensamentos, que passaram a ser vistos como "secreção" do cérebro, e as doenças mentais, como distúrbios da química dos neurônios.

— Perfeito.

— O médico espírita que cogita retomar, atualmente, a discussão sobre as doenças espirituais, Osmar, precisará expurgar, em primeiro lugar, a "demonização" das doenças, um ranço medieval que ainda contamina igrejas e repugna o pensamento médico atual.

A medicina moderna aprendeu a ajuizar sintomas e desvios anatômicos usando sinais clínicos para fazer as classificações das doenças que conseguiu identificar. Para as doenças espirituais, porém, fica faltando conhecer "o lado de lá" de cada paciente para poder ser feito um diagnóstico correto para cada necessitado.

Já no século XVII, Para celso atribuía causas exteriores ou perturbações internas aos doentes mentais, destacando os lunáticos (pela interferência das fases da Lua), os insanos (pela hereditariedade), os vesanos (pelo abuso de bebidas ou mau uso de alimentos), e os melancólicos (por um vício de natureza interna).

Para doenças espirituais, também se pode perceber causas externas e internas. Por enquanto, a vossa visão parcial vos permite apenas uma proposta na qual contém as possíveis causas da doença espiritual, sem o rigor que uma avaliação individual completa exigiria, adotando-se, para tanto, a seguinte classificação: doenças espirituais autoinduzidas (por desequilíbrio vibratório e auto-obsessão); doenças espirituais compartilhadas (por vampirismo e obsessão); mediunismo; e, doenças cármicas.

— Você poderia nos explicar melhor tudo isso?

— Tudo isso, o quê?

— O que são esses tipos de doenças?

— Sim, claro. Vamos lá...

Doenças Espirituais Autoinduzidas, por desequilíbrio vibratório: o perispírito é um corpo intermediário, como já explicamos algumas vezes. É ele que permite ao espírito encarnado exercer suas ações sobre o corpo físico.

— Sim. A esse respeito, nós já falamos.

Sua ligação é feita célula a célula, atingindo a mais profunda intimidade dos átomos que constitui a matéria orgânica do corpo físico.

— Certo.

Esta ligação se processa pelas vibrações de cada um dos dois corpos — físico e espiritual — cujo "ajuste" exige uma determinada sintonia vibratória. Como o perispírito não é prisioneiro das dimensões físicas do corpo de carne, podendo manifestar suas ações além dos limites do corpo físico pela projeção dos seus fluidos, a sintonia e a irradiação do perispírito são dependentes unicamente das projeções mentais que o espírito elabora, do fluxo de ideias que construímos.

De maneira geral, o espírito quando encarnado ainda perde muitos dos seus dias comprometidos com a crítica aos semelhantes, o ódio, a maledicência, as exigências descabidas, a ociosidade, a cólera e o azedume, entre tantas outras reclamações levianas contra a vida e contra todos. Como o "orai e vigiai" continua distante da vossa rotina, acaba por desajustar a sintonia entre o corpo físico e o perispírito, causando um "desequilíbrio vibratório".

Essa desarmonia desencadeia sensações de mal-estar, como a estafa desproporcional e a fadiga sistemática, a enxaqueca, a digestão que nunca se acomoda, o mau-humor constante, e inúmeras outras manifestações tidas como "doenças psicossomáticas". Ainda por cima, vós vos dedicais muito pouco a uma reflexão sobre os prejuízos de vossas mesquinhas atitudes, principalmente em relação a um comportamento mental adequado. A moralidade de viver em uma sociedade tão consumista e mesquinha como a que vivemos.

Outro ponto importante a destacar e também a passar a vocês é sobre a auto-obsessão, já citada algumas vezes nesta obra, mas que é de grande valia novamente estudarmos.

— Vamos lá.

O pensamento é energia que constrói imagens que se consolidam em torno de vós. Impressas no perispírito, elas formam um campo de representação de vossas ideias, à custa dos elementos absorvidos do fluido cósmico universal.

— Certo.

— As ideias tomam formas, sustentadas pela intensidade com que se pensa nelas.

— Ok.

— A matéria mental, Osmar, constrói em torno de todos os espíritos uma atmosfera psíquica, chamada de psicosfera, onde estão representados todos os vossos desejos. Nesse cenário, estarão todos os personagens que vos aprisionam o pensamento pelo amor ou pelo ódio, pela indiferença ou proteção, e assim por diante.

— Perfeito.

— Medos, angústias, mágoas não resolvidas, ideias fixas, desejos de vingança, opiniões cristalizadas, objetos de sedução, poder ou títulos cobiçados, tudo se estrutura em "ideias-forma" na psicosfera que alimentamos, tornando-vos prisioneiros dos vossos próprios fantasmas. A matéria mental produz a "imagem" ilusória que vos escraviza. Por caprichos vossos, sois, assim, "obsediados" pelos vossos próprios desejos.

— Jesus!

— Podemos falar agora das doenças espirituais compartilhadas, o que acha?

— Acho ótimo.

— Algumas delas... vamos falar primeiramente do vampirismo.

— Vamos lá.

— O mundo espiritual, esse que você está agora, é povoado por uma população numerosíssima de espíritos, os quais são quatro a cinco vezes maiores que os 8 bilhões de almas encarnadas em vosso planeta. Como a maioria dessa população de espíritos está habitando as proximidades dos ambientes terrestres, onde flui toda a vida humana, não é de se estranhar que esses espíritos estejam compartilhando das vossas condutas, não achas?

— Somos influenciados muito mais do que pensamos... sei disso...

— Podes atraí-los como guias, mentores, protetores, etc., que constantemente vos inspiram, mas também podem vos aprisionar pelos vícios, você não acha?

— Creio que sim.

— O álcool, o cigarro, as drogas ilícitas, os distúrbios alimentares e os abusos sexuais... Para todas essas situações, as portas da invigilância estão escancaradas, permitindo o acesso de entidades desencarnadas afins.

— Acredito muito nisso.

— Nesses desvios da conduta humana, Osmar, a mente do responsável agrega em torno de si elementos fluídicos com extrema capacidade corrosiva de seu organismo físico, construindo para si os germes que passam a lhe obstruir o funcionamento das células hepáticas, renais e pulmonares, cronificando lesões que a medicina considera incuráveis.

As entidades espirituais viciadas compartilham dos prazeres do vício que os encarnados lhes favorecem e, ao mesmo tempo, estimulam-nos a nele permanecer. Nessa associação, há uma tremenda perda de energia por parte do encarnado. Daí a expressão *vampirismo*, por ser muito adequada para definir essa parceria.

— Obrigado pela sua explicação, Marcos. Confesso que nunca havia tido essa informação.

— Existem ainda algumas outras patologias, quer saber?

— Sim.

— Então, vamos falar agora de uma patologia que já abordamos nesta obra, mas considero ser de grande utilidade uma nova explanação sobre o tema.

— Meu amigo, eu sou o escritor, mas você é o autor. Escrevo o que for determinado e pronto. Se for útil, escreveremos.

— Então, vamos voltar a falar da obsessão.

— Vamos lá.

— No decurso de cada encarnação, a misericórdia de Deus nos permite usufruir das oportunidades que melhor nos convêm para estimular nosso progresso espiritual. Os reencontros ou desencontros são, de certa maneira, planejados ou atraídos por nós para os devidos resgates ou para facilitar o cumprimento das promessas que desenhamos no plano espiritual.

É assim que pais e filhos se reencontram como irmãos, como amigos, como parceiros de uma sociedade. Marido e mulher que se desrespeitaram agora se reajustam como pai e filha, chefe e subalterno ou como parentes distantes que a vida dificulta a aproximação.

— Não existem acasos, não é mesmo?

— Exatamente. As dificuldades da vida, de uma maneira ou de outra, vão reeducando a todos. Os obstáculos que, à primeira vista, parecem castigo ou punição trazem no seu emaranhado de provas a possibilidade de recuperar danos físicos, emocionais ou morais, que produzimos no passado.

No decorrer de nossas encarnações, seremos sempre ganhadores ou perdedores na grande luta da sobrevivência. Nenhum de nós percorrerá essa jornada sem ter que tomar decisões, sem deixar de expressar seus desejos e sem fazer suas escolhas. É aí que, muitas e muitas vezes, contrariamos as decisões, os desejos e as escolhas daqueles que convivem próximos de nós.

Nos rastros das mazelas humanas, todos nós, sem exceção, estamos endividados e altamente comprometidos com outras criaturas, também exigentes como nós, que como obsessores vão nos cobrar outros comportamentos, exigindo-nos a quitação de dívidas que nos furtamos em outras épocas.

Persistem como dominadores implacáveis, procurando nos dificultar a subida mais rápida para os mais elevados estágios da espiritualidade. Embora a ciência médica de hoje ainda não a traga em seus registros, a obsessão espiritual, na qual uma criatura exerce seu domínio sobre a outra, é, de longe, o maior dos males da patologia humana.

— Perfeito, Marcos.

— Você já ouviu falar de *mediunismo*?

— Sim. Já estudei um pouco sobre isso. Mas qual a relação entre o mediunismo e a depressão?

— Tenho um parecer, posso falar?

— Claro, meu amigo.

— Então, vamos lá.

O mediunismo, na verdade, trata-se de quadros de manifestações sintomáticas apresentadas por aqueles que, incipientemente, inauguram suas manifestações mediúnicas.

Com muita frequência, a mediunidade se manifesta tranquilamente, tendo sido tida como tão natural que o médium, quase sempre ainda muito jovem, mal se dá conta de que o que vê, o que percebe e o que escuta de diferente são comunicações espirituais. Outras vezes, os fenômenos são apresentados abundantemente e o principiante é tomado de medos e inseguranças, principalmente por não saber do que se trata.

Em outras ocasiões, a mediunidade é atormentada por espíritos perturbadores e o médium se vê às voltas com uma série de quadros da psicopatologia humana, ocorrendo crises do tipo pânico, histeria ou outras manifestações que se expressam em dores, paralisias, anestesias, inchaço dos membros, insônia rebelde, sonolência incontrolável, etc.

Uma grande maioria tem sintomas psicossomáticos e se sente influenciada ou acompanhada por entidades espirituais. São médiuns com aptidões ainda acanhadas, em fase de aprendizado e domínio de suas potencialidades, uma tenra semente que ainda precisa ser cultivada para se desabrochar.

O mais importante é que todos saibam que a mediunidade não é nem nunca foi doença, mas que quando mal exercida ou praticada pode causar males irreparáveis ao espírito em evolução, e, um deles, é a depressão pelo mau uso da mediunidade.

— Quer dizer que a mediunidade pode causar depressão?

— Como dito antes, pode, quando se transgride, violentamente, o dom da caridade através das comunicações mediúnicas.

— Jesus! Tem muita gente ferrada e que sequer sabe disso.

— Por isso, estamos aqui transmitindo essas informações.

— Vamos em frente.

— E, por último, quero falar sobre as doenças cármicas (compromissos adquiridos). Podemos começar?

— Claro.

— A *doença cármica* é, antes de mais nada, uma oportunidade de resgate e de redenção espiritual. Nunca pense em castigo.

Sempre que pelas nossas intemperanças, desconsideramos os cuidados com o nosso corpo e atingimos o equilíbrio físico ou psíquico do nosso próximo, estamos imprimindo esses desajustes nas células do nosso corpo espiritual.

É assim que, na patologia humana, ficam registrados os quadros de "lúpus" que vos comprometem as artérias, do "pênfigo" que vos queima a pele, das "malformações" do coração ou do cérebro, da "esclerose múltipla" que vos imobiliza no leito, ou das demências que vos comprometem a lucidez e vos afastam da sociedade.

Todos precisam compreender que estas e todas as outras manifestações de doenças não devem ser vistas como castigos ou punições.

O espiritismo trazido até vós pelais misericórdia divina vos ensina que as dificuldades que enfrentas são oportunidades de resgate, as quais, com frequência, fostes vós mesmos que as escolheram para acelerar vosso progresso e vos alavancar da retaguarda, que, às vezes, vos mantêm distantes daqueles que vos esperam adiante de vós.

Mais do que a cura das doenças, a espiritualidade, já há milênios atrás, ensinava que médicos e pacientes devem buscar a oportunidade de iluminação. Os padecimentos pela dor e as limitações que as doenças vos trazem sempre possibilitam o esclarecimento, se vos predispuseres a buscá-lo.

Mais importante do que aceitar o sofrimento numa resignação passiva é tentar superar qualquer limitação ou revolta, para promover o crescimento espiritual, através desta descoberta interior e individual.

Tudo começa na mente, e na mente termina.

Aqui, neste leito, está a Luana. E, agora, Helena é quem te conduzirá a revelar ligações pretéritas que nunca estiveram distantes de nós. Somos espíritos eternos e agregamos amores em nossa caminhada evolutiva.

Gostaria de pedir a você, Nina, e a você, Helena, que conduzam o médium daqui por diante. Tenho outros pacientes que também precisam dos meus cuidados.

Obrigado, Osmar, pela oportunidade.

— Eu é que agradeço, Marcos! Agradeço por ser escolhido por você para esta obra tão edificante. Espero, sinceramente, que as informações que você acabou de nos passar auxiliem todas as pessoas a se compreenderem no universo de amor que é esta colônia. Que auxilie também a todos os espíritos que aqui trabalham e que ajude, ainda, as pessoas a se curarem da depressão.

Marcos olhou para mim, sorriu, me abraçou e nos deixou.

“

Só o amor vale a pena. O resto se perde...

”

Helena

A verdadeira amizade

Naquele momento, olhei para a jovem deitada à nossa frente e pude observar que ela realmente se parecia com aquela menina que eu havia encontrado no parque ao lado de Helena.

Mas o que será que havia acontecido com Luana?

Teria ela morrido tão jovem?

O que estava acontecendo?

— Nina?

— Sim.

— Se esta é a Luana, você poderia me dizer o que houve com ela? Tão jovem e já está aqui na vida espiritual…

— A Helena vai te responder — disse Nina, olhando carinhosamente para Helena ao nosso lado.

— Esta é a minha melhor parte, Osmar. Luana desencarnou há poucos dias, aos 79 anos. Morreu de câncer, sendo acolhida por nós aqui em Amor e Caridade. A aparência dela que você vê deitada agora neste leito reflete o momento em que ela viveu sua melhor fase quando encarnada. Esse processo se dá para que o espírito, ao acordar na vida espiritual, se conecte às lembranças positivas que expiou, quando tinha essa forma humana.

Como você sabe, nós podemos escolher com qual aparência viveremos aqui nas cidades espirituais.

— Deixa eu ver se entendi...

— Diga.

— Vocês modificaram a forma perispiritual de Luana para um corpo ou uma idade em que ela foi mais feliz na encarnação, porque isso facilita o processo do espírito ao acordar aqui, é isso?

— Duas observações.

— Pois não.

— A primeira é que nós não criamos esse corpo da Luana que você vê à sua frente, pois nós não temos esse poder. Nós apenas condicionamos o perispírito dela para uma forma já existente em seu arquivo memorial.

— Entendi.

— E a segunda é que todos os espíritos, quando retornam à Pátria Espiritual, precisam de um tempo para se conectarem às energias das colônias, as quais são mais sutis e puras. Assim, todos passam pelo refazimento perispiritual.

— Entendi, perfeitamente.

— O que quero que você veja e relate agora é o que aconteceu comigo depois daquele baile em minha cidade. Você está disposto a ver e a escrever?

— Claro.

— Então, vamos ao meu passado?

— Vamos.

Naquele momento, Nina se aproximou de nós e nos envolveu em uma densa névoa, levando-nos ao passado de Helena novamente.

Chegamos àquela mesma cidade, só que agora estávamos na igreja da praça central. Entramos e nos posicionamos muito próximos do padre que, pacientemente, aguardava pela entrada dos noivos.

Logo, uma linda música começou a tocar, e, Henrique, vestido em um belo terno azul, adentrou a igreja ao lado da mãe. Todos olhavam felizes a entrada do noivo que, emocionadíssimo, se posicionou no altar, à espera da entrada da noiva.

Poucos minutos depois, novamente uma linda canção foi tocada por um pequeno grupo artístico. Todos, emocionados, se colocaram de pé para a tão aguardada entrada da noiva.

E lá vinha Helena, linda como nunca, vestida de branco e arrastando uma enorme cauda, que era amparada por duas meninas angelicais.

Pude perceber que até o padre estava emocionado. Pude ver também sair de seu peito uma luz alaranjada que ia em direção à Helena.

Todos comemoravam muito o casamento de Henrique e Helena.

Dali, fui levado a uma linda casa, pequena e confortável. Pude ver Helena com um bebê no colo.

Havia chegado o primeiro filho dela.

Eu estava de pé, ao lado de Nina, que olhou para mim e esboçou um ar de sorriso de felicidade.

Não consegui me conter e perguntei:

— Nina, posso perguntar algo ou só anoto o que vejo?

— Fique à vontade para perguntar.

— Por que Helena não veio conosco para me mostrar o que estou vendo?

— Você vai entender…

— Esta é a vida dela, não é?

— Sim. Helena teve o seu primeiro filho, um menino.

— Ele é lindo.

Logo, fui levado para mais um parto. Agora, estávamos no hospital em que Helena acabara de dar à luz seu segundo filho. Agora, uma linda menina.

Pude ver a preocupação de todos. A menina havia nascido com alguns problemas e acabou ficando internada por algumas semanas, mas, logo, vi todos na mesma casa, felizes e comemorando o aniversário de 14 anos do primeiro filho de Helena.

A menina, agora, tinha 13 anos.

Henrique, amadurecido pelo tempo, estava feliz ao lado de seus filhos, sogros e Helena.

Estranhamente, tudo ficou escuro à minha frente. Assustado, indaguei…

— O que houve agora, Nina?

— Olhe e anote.

Uma névoa escura havia invadido aquele lindo lar.

Fiquei calado tentando ver o que acontecia. Foi quando me vi em uma capela de frente para três caixões.

Parecia que uma tragédia havia alcançado aquela linda família.

Ao lado de Nina, olhei para cada corpo deitado e coberto de flores.

Jaziam ali, mortos, Henrique e seus dois filhos.

"Que tragédia!", pensei, amargurado.

— Nina?

— Sim.

— Meu Deus! O que houve?

— Henrique estava voltando do trabalho, quando pegou as crianças na escola e acabaram sofrendo um grave e fatal acidente. Todos desencarnaram neste dia.

— Jesus! Coitada da Helena…

— Veja.

Naquele momento, o tempo passou um pouco mais, e eu voltei àquela casa onde antes só se via felicidade. Lá estava Helena, deitada em seu quarto escuro, com uma forte depressão.

O ambiente em que ela estava era totalmente inapropriado para qualquer ser humano. Sem tomar banho há dias, sem comer, sem sorrir… ali estava Helena, sofrendo a dor que lhe dilacerou a alma.

Os amigos e os familiares estavam muito preocupados e tentavam, a todo custo, ajudá-la a sair daquele estado crítico.

Até que pude ver quando um espírito muito iluminado se aproximou de Helena e impôs suas mãos sobre ela, melhorando, um pouco, seu estado emocional.

Naquele instante, esse mesmo espírito inspirou a mãe de Helena para que ela ligasse para Luana e contasse tudo o que a amiga de infância estava passando.

Luana havia se formado em vida em outro país já há alguns anos.

— Luana?

— Sim, quem está falando?

— É a Dirce.

— Dona Dirce, mãe de Helena?

— Sim, minha filha, sou eu mesma.

— Como a senhora me achou? Está tudo bem por aí?

— Peguei seu telefone com a sua mãe.

— Ah, sim. O que houve para a senhora me ligar? Aconteceu algo com a Helena?

— Sim, minha filha. A Helena está trancada no quarto desde que a tragédia aconteceu.

— Eu soube de tudo. Coitada da minha amiga. O que ela tem?

— Está com uma forte depressão.

— Estive aí no enterro, e ela ficou bem. O que houve agora, meu Deus?

— Ah, minha filha, depois que você foi embora, acho que ela sentiu que havia perdido a última coisa da vida dela. Você sabe, desde meninas, vocês nunca se separaram. Quando você decidiu morar fora, o que segurou Helena foram os filhos e o Henrique. Mas ela nunca se conformou com a sua ausência.

— Eu sei, dona Dirce.

— Não quero te incomodar, mas estamos todos muito preocupados com o que ela possa fazer.

— Tem como a senhora passar o telefone para ela?

— Ela não atende ninguém e só fala em suicídio.

— Suicídio?

— Sim, minha filha, acho que vamos perder a Helena. Ela não come, não toma banho e vive se mutilando. Já a levei a todos os médicos que você possa imaginar, mas nada nem ninguém dá jeito em Helena.

— Vou até aí, dona Dirce. Comprarei uma passagem para o primeiro avião e chego aí em breve.

— Ah, minha filha... nem sei como te agradecer.

— Não agradeça, vamos cuidar da Helena.

Naquele momento, Helena apareceu novamente para mim e Nina.

Fomos levados até o hospital e voltamos a ficar de pé ao lado do corpo de Luana.

Helena acariciava a amiga adormecida, enquanto recebia o refazimento perispiritual naquele hospital espiritual.

— Olha, Osmar — disse Nina.

Pude ver fluidos de cores variadas que envolviam todo o corpo de Luana.

Helena, então, olhou para mim e disse:

— Após aquele dia, Luana chegou à minha casa e nunca mais foi embora. Deixou a sua carreira, a sua vida e todos os seus sonhos para trás, para ficar ao meu lado até o meu último dia de vida.

Assim como ela, eu desencarnei vítima de câncer aos 47 anos. Passei um curto período no Umbral, onde Gilberto cuidou de mim. Depois, fui recebida aqui neste hospital pelo Marcos que, carinhosamente, tirou de mim tudo o que eu sentia por viver longos anos em depressão.

Com o passar do tempo, fui me dedicando à minha recuperação e fiquei à espera da melhor amiga. Não vejo a hora de acordá-la para poder abraçá-la e agradecer por tudo o que essa verdadeira amiga fez por mim.

Após a minha conscientização, descobri que Luana é, na verdade, um espírito que caminhará ao meu lado por toda a nossa existência. Já tivemos muitas encarnações juntas.

Agora, se findam as encarnações. Conseguimos, por meio de tudo o que vivemos, reparar todas as nossas faltas e estamos prontos para seguir evoluindo nas cidades espirituais e nas tarefas edificantes que todos os espíritos recebem diariamente.

Naquele momento, Helena olhou para Nina e sorriu.

— Agradeço a você, Nina, ao Daniel, ao Dr. Marcos e a todos aqui de Amor e Caridade, pela acolhida e pelo amor que recebi. Tenho plena consciência da importância desta colônia em minha vida e na vida da Luana.

Naquele instante, Marcos e Daniel adentraram o quarto em que estávamos.

— Daniel! — vibrou Helena, abraçando-o.

— Meninas! — disse o iluminado mentor, sorrindo.

— Temos uma surpresa para você, Helena.

— Para mim?

— Sim — afirmou Marcos.

— Vamos poder acordar a Luana?

— Isso e muito mais… — confirmou Daniel.

— O que será, meu Deus?

— Venha, vamos até a minha sala — disse Marcos, abrindo a porta que dava acesso ao corredor.

Caminhamos todos juntos até a sala de Marcos, que ficava ao lado da enfermaria em que estávamos.

Antes de entrarmos, Daniel segurou nas duas mãos de Helena e lhe perguntou:

— Você está bem?

— Sim, Daniel. Só estou um pouco nervosa.

— Por quê?

— Porque não sei o que me espera do outro lado da porta.

— Fique calma. Você acabou de se recuperar dos longos anos em que viveu em depressão. As emoções devem ser controladas.

— Eu sei, já aprendi isso. Fique tranquilo, estou bem.

— Podemos entrar?

— Sim — disse Helena, após um suspiro.

Marcos abriu a porta lentamente.

Foi quando Helena caiu de joelhos ao ver seus dois filhos e Henrique, que, de braços abertos, lhe sorriu.

Confesso que todos sentimos algumas lágrimas visitarem nossos olhos naquele momento.

As duas crianças correram e abraçaram Helena dizendo:

— Mãe, que saudade...

Henrique se aproximou de Helena e a abraçou com ternura, após beijar-lhe os lábios.

A emoção tomou conta de todos nós.

Após alguns minutos de abraços e trocas de carinho, Helena olhou para Nina e correu para lhe abraçar.

— Isso foi ideia sua, não foi?

— Não, meu amor. Foi ideia do Daniel.

Helena, abraçada a Nina, olhou carinhosamente para Daniel, que lhe sorriu.

Foi quando notamos que o Marcos não estava na sala, e Helena, então, perguntou:

— Gente, cadê o Dr. Marcos?

Todos se entreolharam felizes.

Naquele momento, Marcos adentrou na sala trazendo ao seu lado a jovem Luana.

Mais uma tempestade de sentimentos de gratidão e amor invadiu todos nós. Emocionadíssimos, não contivemos as lágrimas que nos tomavam e choramos abraçados a Helena e a Luana.

Naquele dia, pude ver, sentir e confirmar... Deus nos ama infinitamente.

Nina olhou para mim, como se me dissesse “pode ir, porque essa emoção aqui, demorará a passar...”.

Afastei-me lentamente...

Deixei a Colônia Espiritual Amor e Caridade grato pelo dom que tenho e pelas oportunidades de amparo e de auxílio que as psicografias nos trazem.

Se você sofre de depressão, saiba que você é muito importante para Deus, e que foram os anjos do nosso Pai que trouxeram você até estas linhas, que são sinceras e verdadeiras.

Aproveite os ensinamentos aqui revelados e modifique a sua mente, os seus conceitos e, principalmente, a sua vida.

Deus te abençoe...

Fim

“

Dedico este livro a você que chegou até aqui e que, através desta psicografia, tomou a decisão de mudar.

”

Osmar Barbosa

Outros títulos lançados por Osmar Barbosa

Conheça outros livros psicografados por Osmar Barbosa. Procure nas melhores livrarias do ramo ou pelos sites de vendas na internet.

Acesse

www.bookespirita.com.br
www.compralivro.com.br

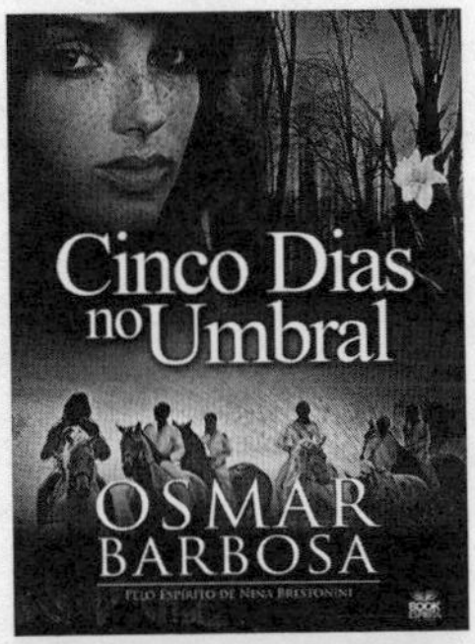
Cinco Dias
no Umbral
OSMAR
BARBOSA
Pelo Espírito de Nina Brestonini

O
Guardião
da Luz
OSMAR
BARBOSA
Pelo Espírito de Daniel

OSMAR
BARBOSA
ANTES
QUE A
MORTE NOS
SEPARE

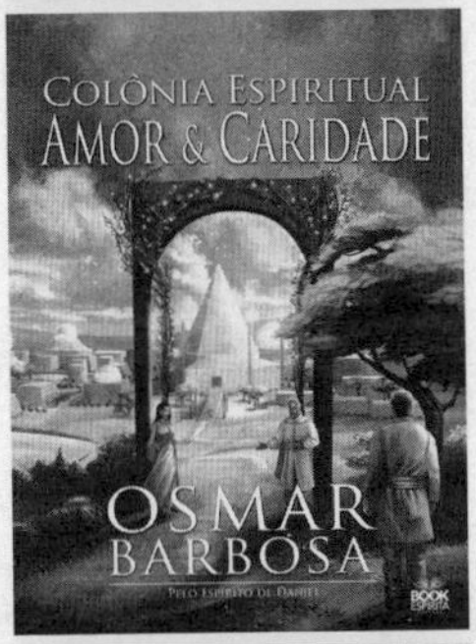
Colônia Espiritual
Amor & Caridade
OSMAR
BARBOSA
Pelo Espírito de Daniel

pelo Espírito NINA BRESTONINI
ONDAS
da Vida
OSMAR BARBOSA

A
BATALHA
DOS
ILUMINADOS
OSMAR
BARBOSA
Pelo Espírito Daniel

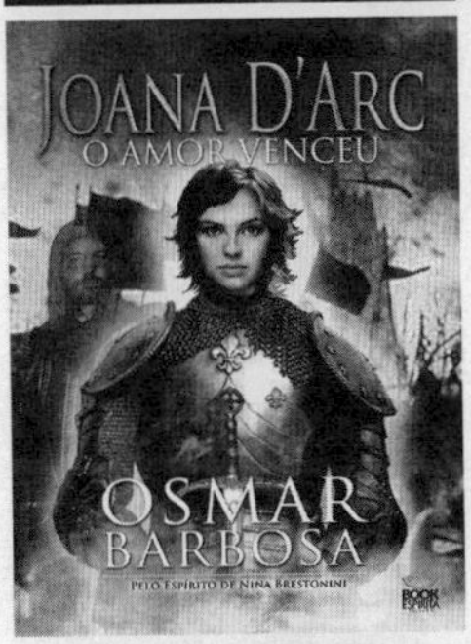
JOANA D'ARC
O AMOR VENCEU
OSMAR
BARBOSA
Pelo Espírito de Nina Brestonini

OSMAR
BARBOSA
Pelo Espírito de Nina Brestonini
ALÉM DO SER
A História de um Suicida

OSMAR
BARBOSA
Pelo Espírito Lucas
EU SOU
EXU

Osmar Barbosa
Pelo espírito Daniel
Orai
&
Vigiai

500
almas
OSMAR
BARBOSA
Pelo Espírito de Nina Brestonini

OSMAR
BARBOSA
Pelo Espírito do Cigano Rodrigo
Gitano
As vidas do
Cigano Rodrigo

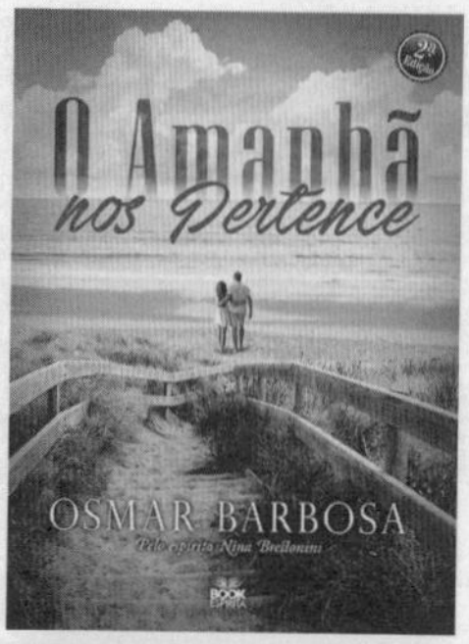
O Amanhã nos Pertence
OSMAR BARBOSA
Pelo espírito Nina Brestonini

Mãe, voltei!
OSMAR BARBOSA
PELO ESPÍRITO NINA BRESTONINI
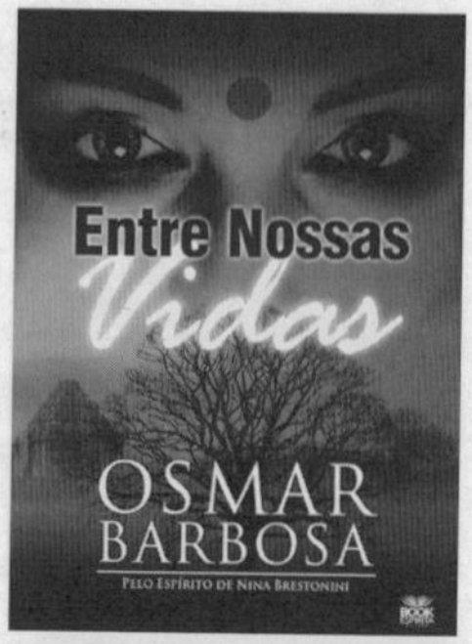
Entre Nossas Vidas
OSMAR BARBOSA
PELO ESPÍRITO DE NINA BRESTONINI
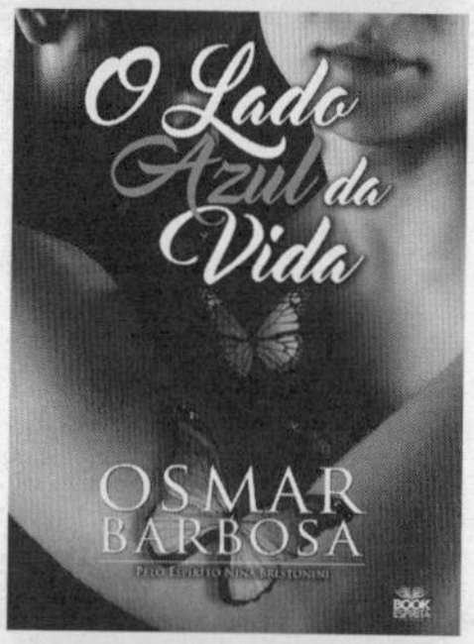
O Lado Azul da Vida
OSMAR BARBOSA
PELO ESPÍRITO NINA BRESTONINI
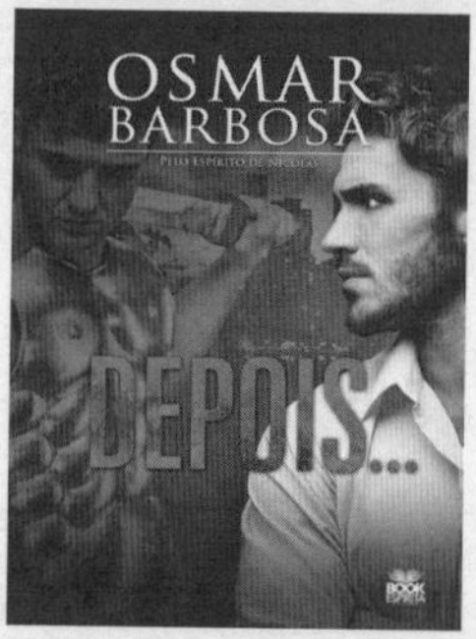
OSMAR BARBOSA
DEPOIS...
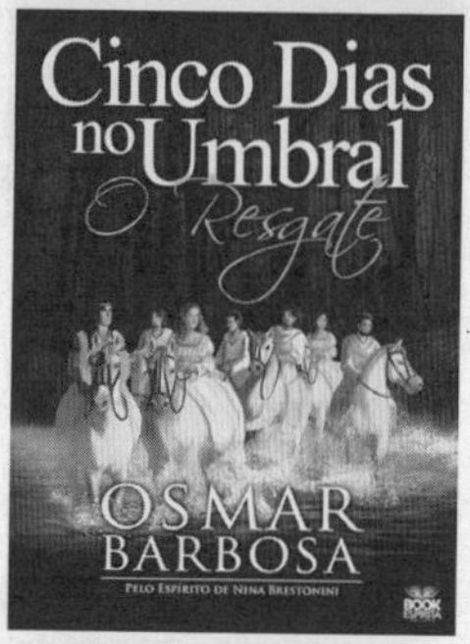
Cinco Dias no Umbral
O Resgate
OSMAR BARBOSA
PELO ESPÍRITO DE NINA BRESTONINI

O LADO OCULTO DA VIDA
OSMAR BARBOSA
PELO ESPÍRITO DE DANIEL

Entrevista com Espíritos
Os Bastidores do Centro Espírita
por OSMAR BARBOSA

VINDE A MIM
O Evangelho no Lar
OSMAR BARBOSA
PELO ESPÍRITO DE DANIEL
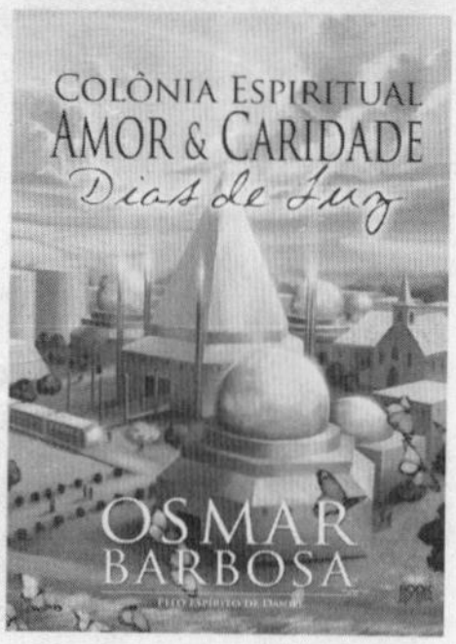
COLÔNIA ESPIRITUAL
AMOR & CARIDADE
Dias de Luz
OSMAR BARBOSA

OSMAR BARBOSA
PELO ESPÍRITO DE LUCAS
Amigo Fiel

IMPUROS
A legião de Exus
OSMAR BARBOSA
PELO ESPÍRITO DE LUCAS

O Médico de
DEUS
OSMAR
BARBOSA
PELO ESPÍRITO DE NINA BRESTONINI

AUTISMO
A ESCOLHA DE NICOLAS
OSMAR
BARBOSA

OSMAR
BARBOSA
PELO ESPÍRITO DE NINA BRESTONINI
Cinco Dias
no Umbral
O Perdão

UMBANDA
PARA
INICIANTES
OSMAR
BARBOSA

OSMAR BARBOSA
PARAFRASEANDO
CHICO
XAVIER
Seleção das mais belas frases
de Chico Xavier

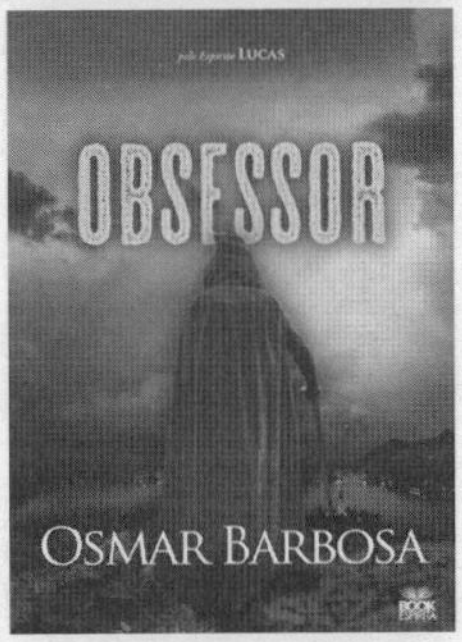
pelo Espírito LUCAS
OBSESSOR
OSMAR BARBOSA

Acordei no
UMBRAL
OSMAR
BARBOSA
PELO ESPÍRITO DE LUCAS

ROMANCE ESPÍRITA
A ROSA
DO CAIRO
OSMAR
BARBOSA
PELO ESPÍRITO DE NINA BRESTONINI

REGENERAÇÃO
UMA
NOVA
ERA
OSMAR BARBOSA

pelo Espírito NINA BRESTONINI
DEIXE-ME Nascer
OSMAR BARBOSA

A
Vida
depois da
Morte
OSMAR BARBOSA
pelos Espíritos NINA BRESTONINI e LUCAS

pelo Espírito NINA BRESTONINI
DEAMETRIA
HOSPITAL AMOR E CARIDADE
HAC
OSMAR BARBOSA

DEAMETRIA
A Desobsessão Modernizada
OSMAR BARBOSA

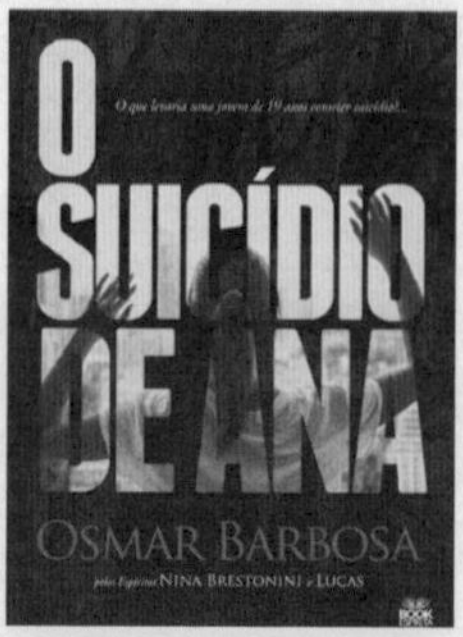
O SUICÍDIO DE ANA
OSMAR BARBOSA

ACONTECEU NO UMBRAL
OSMAR BARBOSA

GUARDIÃO
EXU
OSMAR BARBOSA

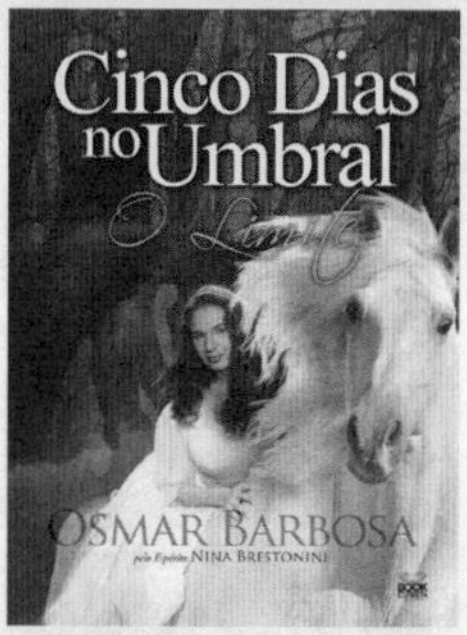
Cinco Dias no Umbral
OSMAR BARBOSA
NINA BRESTONINI

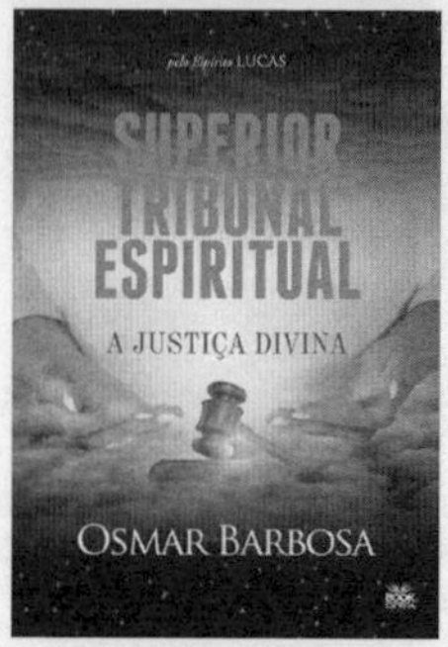
SUPERIOR TRIBUNAL ESPIRITUAL
A JUSTIÇA DIVINA
OSMAR BARBOSA

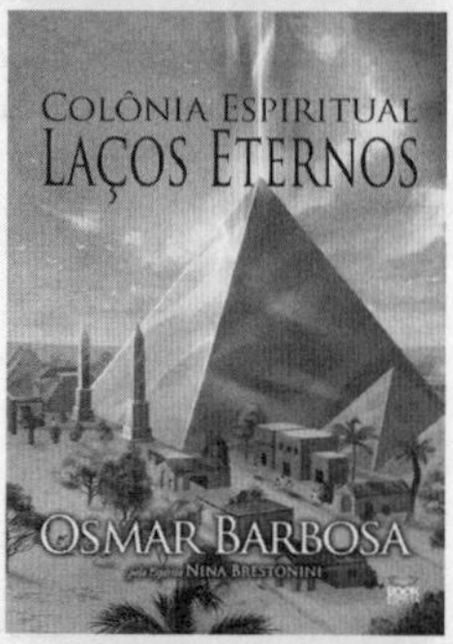
COLÔNIA ESPIRITUAL
LAÇOS ETERNOS
OSMAR BARBOSA
NINA BRESTONINI

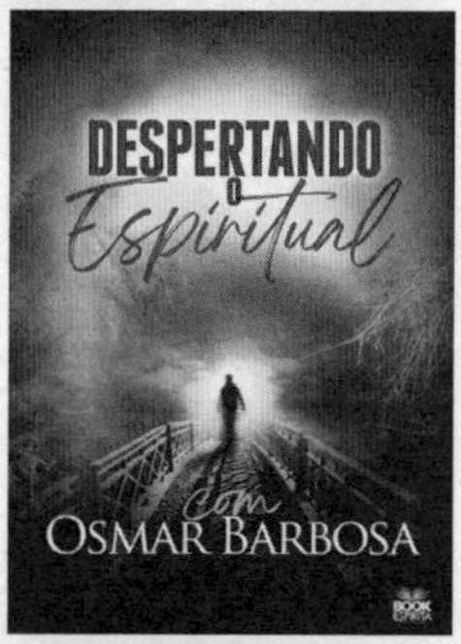
DESPERTANDO o Espiritual
com
OSMAR BARBOSA

UM ESPÍRITA NO UMBRAL
OSMAR BARBOSA

OSMAR BARBOSA
DIÁRIO
SUICIDA
LUCAS

Por que VOCÊ MORREU?
OSMAR BARBOSA
NINA BRESTONINI

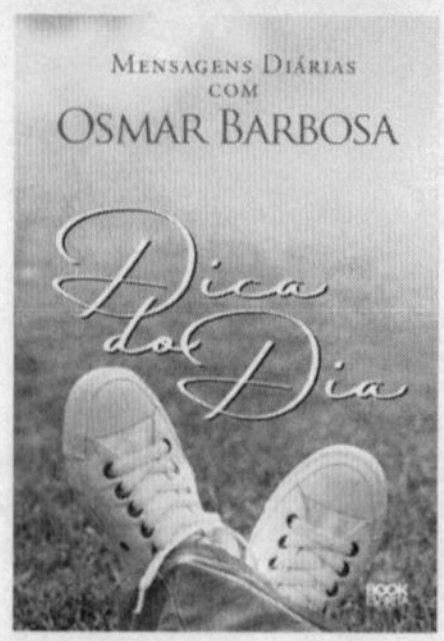
MENSAGENS DIÁRIAS COM
OSMAR BARBOSA
Dica do Dia

EXILADOS DO PLANETA TERRA
OSMAR BARBOSA
pelo Espírito LUCAS

BEM VINDO AO UMBRAL
OSMAR BARBOSA
pelo Espírito LUCAS

OSMAR BARBOSA
O Diário de um MORTO
pelo Espírito LUCAS

OSMAR BARBOSA
A GAROTA DO BALÃO
pelo Espírito LUCAS

pelo Espírito NINA BRESTONINI
O OUTRO LADO DA VIDA
OSMAR BARBOSA

OSMAR BARBOSA
pelo Espírito RAFAEL
Um Obsessor no Centro Espírita

NINA BRESTONINI E OUTROS ESPÍRITOS
ORIENTAÇÕES DO Além
OSMAR BARBOSA

pelo espírito NINA BRESTONINI
Em Busca do TEMPO PERDIDO
OSMAR BARBOSA
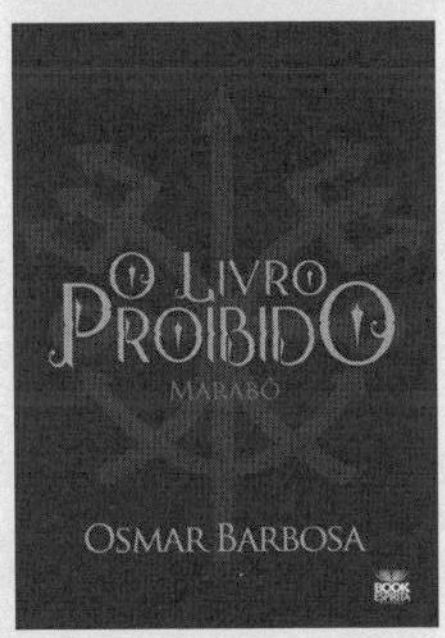
O LIVRO PROIBIDO
MARABÔ
OSMAR BARBOSA

“

O recomeço é um caminho com flores...

”

Helena

BOOK ESPÍRITA
EDITORA

Esta obra foi composta
na fonte Century751
No2 BT, corpo 13.
Rio de Janeiro, Brasil.